U0457344

无限交谈

黄子平 访谈录

Huang Ziping Interviews

同时代人的文学与批评

黄子平 著
李浴洋 主编

山东画报出版社
济南

图书在版编目（CIP）数据

黄子平访谈录：同时代人的文学与批评 / 黄子平著.
济南：山东画报出版社, 2025. 3. -- (无限交谈 / 李
浴洋主编). -- ISBN 978-7-5474-4662-1

Ⅰ. K825.6

中国国家版本馆CIP数据核字第2024DM5329号

HUANGZIPING FANGTAN LU: TONG SHIDAI REN DE WENXUE YU PIPING

黄子平访谈录：同时代人的文学与批评

黄子平　著

选题策划　王一诺
责任编辑　马　赛
封面设计　徐　潇
版式设计　王　芳　张智颖

主管单位　山东出版传媒股份有限公司
出版发行　山东画报出版社
社　址　济南市市中区舜耕路517号　邮编 250003
电　话　总编室（0531）82098472
市场部（0531）82098461
网　址　http://www.hbcbs.com.cn
电子信箱　hbcb@sdpress.com.cn
印　刷　济南龙玺印刷有限公司
规　格　148毫米×210毫米　32开
8.5印张　210千字
版　次　2025年3月第1版
印　次　2025年3月第1次印刷
书　号　ISBN 978-7-5474-4662-1
定　价　58.00元

2017 年春，在淡江大学讲鲁迅《野草》

对我来说，虚飘的文学“使命感”消退了，

文学成了纯粹喜欢的事。

我写评论，参与年轻人的文学杂志，编书，

乃至参加一些评奖，

就只是喜欢，

有一种回到当年“业余作者”的感觉，

一个“文学爱好者”的感觉。

1981 年毕业前夕，北大图书馆前

左起：叶君远、查建英、黄子平、陈建功、李彤

1988年夏，中时记者宴请在京作者

前排左起：莫昭平、谢冕、汪曾祺、史铁生、林斤澜；

后排左起：陈平原、李陀、陈建功、黄子平、乌热尔图、郑万隆

1989年1月，香港“寻根”文化研讨会

左起：黄子平、韩少功、苏炜、郑万隆、陈建功、李杭育、陈平原、扎西达娃

饥饿：因能
而引起结构
的最严重形
厌食症、胃
等所致。对
存能量和机
身组织作

2004年，汕头大学“全球化视野下的现代文学研究”研讨会

左起：陈平原、钱理群、黄子平

左页图　2012年12月12日，在中国人民大学讲“饥饿艺术家”

2015 年 6 月，与玫珊在湖南茶峒边城

2012 年 4 月，北大五院，“跨学科文化”座谈会

左起：王风、普安迪（Plaks）、黄子平、李欧梵、陈平原、计璧瑞、张丽华

2019 年 10 月 27 日，在北京石景山，《文本及其不满》发布会

左起：李浴洋、吴晓东、董秀玉、钱理群、黄子平、张玫珊、赵园、陈平原、贺桂梅、杨联芬、刘盟赟

1998 年 7 月，与家人在日本仙台东北大学，鲁迅曾经学习过的讲义室

总 序

李浴洋

1979 年，历史学家唐德刚回顾自己二十余年前为胡适做口述自传时的经历，感慨胡适与之对话的“老实”，进而提出了对于“对话”这一文体的认识——

> “对话”（dialogue）比“讲课”（lecture）更有价值，原是世界学术史上的通例。古代的圣哲如孔子、孟子、苏格拉底、释迦、耶稣、穆罕默德等都是述而不作的。他们的哲学和教义，多半是当时听众和弟子们，从对话中笔记或默记下来的。苏格拉底固有其有名的《对话录》传于后世；而儒教“经书”中的《论语》《檀弓》等著作，又何尝不是孔子的“对话录”呢？而这些对话录就远比其他“经书”更有价值。主要的原因便是“对话录”所记的往往都是些脱口而出的老实话，不像那些三思而

后言的“讲学”“说教”等的官腔官调也。①

唐德刚揭示了在中外古典学术史、思想史与文学史上“对话”的渊源有自。进入现代，这一传统继续发扬。无论是艾克曼的《歌德谈话录》，还是唐德刚本人的《胡适口述自传》，都可谓此中“名著”。而晚近借助制作手段与传播技术的突飞猛进，“对话”的发展也一日千里，并且更为普及。更为关键的是，“对话”不再仅是一种记录形式，本身也实现了方法自觉，从而成为史学、文学、社会学、人类学、传播学、心理学与医学等学科积累知识的重要手段之一。能够“通过研究者和受访者之间的互动而产生知识”已经是诸多学科的共识。②

强调“研究者与受访者之间的互动”的“对话”，称之为“访谈”更加准确。如果不拘泥于“对话”“对谈”“访谈”“访问”等具体称谓，那么各种形式的“对话”（以及三人谈、多人谈）都可以归入“产生知识”的“访谈”之列。而“访谈”产生的又何止“知识”？只要是足够认真、开放、“老实”的“互动”，思想、精神与趣味也大可以于焉生成。

上承古典而又富新变的是专业访谈。但必须承认，是新闻媒介的发达既为“访谈”（主要是新闻访谈）创造了极大的便利与需求，

① 唐德刚：《胡适口述自传》，传记文学出版社 1883 年版，第 7 页。

②［丹］斯文·布林克曼、斯泰纳尔·克韦尔著，曲鑫译：《访谈（第二版）》，格致出版社 2020 年版，第 12 页。

同时还在相当程度上影响了人们的接受习惯与文体意识。专业访谈当然与新闻访谈有别，不过在契合现代社会与现代心灵方面二者却并无二致，甚至专业访谈还凭借其锐利、深刻、生动与灵活更胜一筹。于是可以看到，在林林总总的著述体例中原本并不十分显眼的“访谈”，如今宛若一支“轻骑兵”，在中文思想现场与大众阅读生活中异军突起。“《巴黎评论》‘作家访谈’”系列引进的成功，《把自己作为方法——与项飙谈话》的备受欢迎，便是例证。

与新闻访谈大都围绕一时、一事展开不同，专业访谈往往更具系统性与纵深感。好的访谈不但有“学”有“思”，还能够见“文”见“人”。好的访谈亦是“文章”，既需要“出口成章”的积淀与才情，也得用心与用力经营。好的访谈更来自作者（访谈人与受访者相互成就）的个人关怀、立场与魅力的支撑。在这一意义上，好的访谈一定是有个性的，也必然是充满人性的。这与访谈的本质乃是一种人与人的精神交流直接相关。

道理的阐发、观点的碰撞，为的是达成更为全面与有效的认识；思想的对话、灵魂的共振，为的是形成更具洞见与理性的价值。人与人的精神交流可以不避剑走偏锋，但要有共同的底线，也可以鲜明秉持自家立场，只是不宜丧失同理心与共情力。所有这些，都是自由思想与自由表达的前提，是得以“无限交谈”的基础。唯有秉持对于“无限”的信心、热情、追求与保证，“交谈”才能真正有质有量地进行。作为一种文体的“访谈”，其自觉的形态应当是一种自由的思想方式与表达方式。以“交谈无限”，创造“无限交谈”。

“无限交谈”语出法国思想家莫里斯·布朗肖。批评家黄子平曾以此解说20世纪80年代活跃的文化气象："题目与文章的蓬勃涌流，正源于那些年的'无限交谈'。"[①]其"同时代人"、学者陈平原日后也不断追怀那份思想与文化的"热火朝天"的景象"背后的大时代"[②]。而今重提"无限交谈"，并且将之落实到"访谈"这一文体的建设上，自是对于80年代的致意，更是希望重建某种舍我其谁的担当气度与真正自信的开放精神。

唐德刚所谓的"老实"，"无限交谈"彰显的"自由"，其实都指向了"访谈"之"真"。这是一种"真的人"面对"真的问题"与"真的经验"发出的"真的声音"。基于学养，出自识见，本乎良知，成于访谈，这固然是一种理想状态。如果能够采撷如是声音荟萃呈现，岂不似星光，如炬火？

"无限交谈"丛书即循此策划。一人一书，一书一题。丛书选择以"人"为中心，邀请在各自专业领域内确有真知灼见，同时又兼具公共情怀的知识分子参与。各卷访谈对象不仅是专家，更需"能说会道"——善于运用访谈进行思想表达。而每卷围绕一个主题展开，相对集中地收录作者历年就此所做访谈，则是希望在保留文体的生动性与开放性的前提下，还能够凸显其治学、深思的主要成果与最大特色。至于具体形式是访谈，是对话，是口述，并不作严格限定。

知识性、思想性、趣味性与生长性并美，是丛书的立意与用心。

---

① 黄子平：《文本及其不满》，译林出版社2020年版，第35页。

② 陈平原：《小书背后的大时代——从〈二十世纪中国文学三人谈·漫说文化〉说起》，载《读书》2016年第9期。

访谈固然是某种意义上的“草稿”，但其中蕴含的能量不容小觑，可能比成型的著作更加生气淋漓，带给读者更为多元的启示。访谈也许只是“补白”，不过与高头典章相比，更具短兵相接的特点，能够把背后的真性情、真忧患与真关怀和盘托出。经由各抒己见，可以“众声喧哗”。而通过和而不同，通向一种更为整全也更具人文理想的精神图景，更是我们由衷期待的。

感谢山东画报出版社与王一诺女士、马赛女士的支持。

2023 年 10 月 16 日，京西芙蓉里

我所知子平与玫珊（代序）

赵园

关于 20 世纪 80 年代，有诸种叙述的角度与方式。在我，80 年代除其他种种外，也是交友的季节。此生的深交，都在那十年间。结交不消说各有因缘，即如因平原而结识晓虹；与子平的交往，以玫珊为媒介。2018 年研究生入学四十周年，有老同学的聚会。张中带来了一叠老照片。已然模糊的老照片上的玫珊，是个小女孩，我们当年共同的小妹妹——只是没有用这样肉麻的说法罢了。玫珊来自南美，同时在北大读本科与硕士，活动的重心更在前者。较之我们这些阅历复杂的大哥哥大姐姐，玫珊如一泓清水，与这个年长于她太多的研究生圈子，只有有限的交集。

读研期间与玫珊的接触并不算多，尤其一对一的交往。离开北大后却有过一段蜜月式的密集通信。同在一城，频繁地书信往来，在我，是稀有的经历。如果我没有记错，玫珊十一岁随父亲移民阿根廷。或因早年所受中文教育，文字有“台式国语”的和软却不萌，因不合于大陆的规范而别具一格。玫珊兼通英语、西班牙语与汉语，在 80 年代应是稀有人才。她却不曾利用这一点为自己谋取利益。我每劝她写作，她像是不为所动。由格瓦拉影响下的阿根廷，到改革开放后市场化的中国，最初她所受到的冲击想必剧烈。有几人会有这种经验！这段经历，很少听玫珊讲到。若以玫珊的文字写来，会大有意趣的吧。她似乎至今没有“发掘”这一题材的计划。令我暗自羡慕的，更是她的生活态度与生活智慧，根于性情，是别人学不来的。

与玫珊、子平的同城书信往来，是前互联网时代才会有的故事。回头想来，不知当时何以有那样多的话说。我的书札据说他们还保存着，我却在一次意外中将他们的信毁掉了。的确可惜。尤其考虑到那是 80 年代。不可能复制的书写，想必挟了那年代的气息。不记得自己写了什么，记得的仍然是玫珊的修辞方式，率真可爱。

因了玫珊，有与子平的交往。我们的专业是中国现代文学，子平则是当代文学，我们之间却没有专业的隔阂。那年代当代文学几乎是公众读物，子平的判断力，这个朋友圈子不可或缺。钟阿城生于 1949 年 10 月以前，自我调侃说是“旧社会过来的人”。子平生于同年，却是“生在新中国，长在红旗下”，只是遭逢反“右”，与我有类似的家庭灾难，深重的程度却远过于我。固然有玫珊的中介，子平与我们这些年长于他的人交往，如有宿缘，参加主要由玫珊操办的平原、晓虹在学生宿舍里的婚礼，与我们同去电影资料馆观影。印象深刻的是，散场后玫珊骑了自行车，如子弹出膛般隐没在夜色中。

朋友中玫珊的通达为不可及，或因了汉文化与异质文化的杂糅。她一生经历了跌宕起伏，却将心性保存得如此完好，部分地也要归功于子平吧。即如不试图改变对方，彼此给予足够的空间。入住养老院前整理书橱，翻出了玫珊开本小巧的《阿力妈妈手记》。阿力是他们的儿子。该书记儿子出生后的点滴。那本小书或许是玫珊除译作外仅有的作品。她最好的作品，毋宁说是她的家庭、儿子，尤其她本人。

早在“极简主义”成为流行符号之前，子平、玫珊就过着虽无此“主义”却有其精髓的生活。北大蔚秀园的一小套职工宿舍，一面墙是衣柜、储物柜，所有衣物及杂物尽收纳其中，狭小的室内空间顿时宽敞起来。那自然是玫珊的作品。在香港多年，似乎未曾住过大房子。玫珊告诉我，人不需要那些，够住就行了。没有去过他们香港的居所，想来也如蔚秀园的家，无长物，简单整洁，是玫珊，也是两个人共同的风格。

80年代末赴美后，子平、玫珊度过了一段艰难的日子。如果我没有记错，去国前在我家为他们饯行，当晚的爆炸性新闻，是美国“挑战者号”航天飞机爆炸。我们离开餐桌看着电视屏幕。不知子平夫妇如何，我有不祥之感。事后证明了发生在遥远大气层的事件与我们无干。劫后重逢，已是子平到香港任教之后。尽管各自染了沧桑的颜色，但并不像经历了久别。朋友也者，岂不应当如此？玫珊清纯依旧，却有经了沉淀后的成熟。宗教信仰对于她，不止于“治愈”，更影响到她的生活态度，却又与她原有的气质不无契合。

近些年子平由香港到北大、人大讲学期间，我偶尔到他们的临时寓所聊天。闲谈而已，玫珊竟听得入迷，说喜欢听我说话，还说那些话没有被更多的人听到，有点可惜。我第一次知道自己平常的说话有这样的吸引力。最后一次与老钱一起参加子平关于沈从文的一课，我准备的内容稍多，挤占了子平讲课的时间，害他只能将自己的课件发在网上，且没有注意到玫珊就坐在教室第一排的边角。

也是近些年，子平一再到台湾讲学或与玫珊一起在台小住。玫珊喜爱东海大学附近的小教堂。我猜想，台湾较之大陆、香港更适于她。她想到的却是，子平在香港有朋友圈子，在台湾太过寂寞。

子平不热衷于交际，但无论在课堂上还是在友朋间，涉及严肃的话题，却能因机智令人解颐。庄谐杂出，似有与生俱来的幽默感，尤其冷幽默。朋友中言谈皮里阳秋、有机锋者，或唯有子平。若生当魏晋，其妙语、隽语、讥刺语，或可归入《世说新语》的“排调”吧。对不以为然者，以这种言说或笔墨，自然减却了伤害——被读出了更隐晦的意思也未可知。若他们能领略子平的自嘲，当会知道他更苛待的是自己。自我认知、定位中的清醒，包含了生存智慧，即如以自嘲释放压力。他不给自己悬传世之类的目标，我很理解这一点，身后的事何须理会。当然，没有“传世”的压力，也可能如洪子诚先生所说另有压力。

子平出语警策。《读书》杂志上的一篇《深刻的片面》，曾引发热议。朋友文风互异，有铺张扬厉者说子平“惜墨如金”，或不免于过，但子平的节制，在当代文学评论界，确属罕见。

子平发来我与玫珊的一张合影，拍摄在 1989 年。看照片上我的装束，应当拍摄在王先生去世，我由上海返回北京后，老钱、平原夫妇、子平与玫珊、我与得后在子平家。同一次拍摄的照片，大家都神情凝重。这张照片上的玫珊，少女般清纯。对比一些年后他们旅美、定居香港后返京，在餐桌上拍的那张，可见十几年岁月的痕迹，尽管后一张照片上的玫珊，依旧眸子清亮，情态温润。

子平去国前发表的当代文学评论，我应当都读过。出版于香港的几本书，读了《革命·历史·小说》。那种有穿透力的文字，仍然只能出诸有内地背景的学者之手。关于子平的学术贡献，洪子诚先生的评述已足够精彩（参看洪先生《我的阅读史》）。子平的一本集子题作《害怕写作》，据说他的学生笑道，老师害怕写作，还写了好几本，不害怕又当如何。我不害怕却能理解子平的害怕，知道害怕中有对写作这行为的矜重，对学术的敬畏。

子平被人感觉的矜持，应与性情，也与早年的境遇有关。他与吴亮，一北一南，用时下的话说，是 80 年代当代文学研究的“领军人物”。吴亮辩才无碍，子平则机智犀利，每有今人所说的“金句”，偶或争议蜂起。后吴亮淡出文学评论界；子平虽在境外继续著述，但对中国文化界的影响力不免受限。有朋友曾提到子平出国的得失。我不知子平对此有何衡度，或许他认为无所谓得失的吧。

隔了一道浅浅的水看国内评论家圈子和文学，感受自当不同。处东西文明交汇之地，既有理论敏感，又有文学嗅觉，子平对当今文坛、言论场，自较其他朋友熟稔，应对有争议的话题，不像老钱那样直接，笔有藏锋。却也有例外。对某君的驳论，锋刃若新发于硎。有些话是必须有人说的。

倘若没有"文革"，朋友中晓虹、子平或许会是所谓的"理工女""理工男"。子平是所在圈子中的电脑高手。电脑普及后，你发现身边有些同行入错了行，因"文革"的耽搁，恢复高考时选择了中文。难以知晓他们被埋没的数理潜能如何在日后的文字工作中得到发挥。子平的表述有理论性与感性的平衡。时有华彩，"沉思的老树的精灵"略有"文青"的味道；有时又像是经了提纯，甚至如他自己所说，"铁口直断"。极繁缛与极精练，并行不悖。

除平原、晓虹在我由中国现代文学向明清之际转场期间向我提供的宝贵建议，对我相关学术工作的支持（如平原编辑《学人》期间，如平原在香港中文大学策划的"今古齐观"学术讨论会），学术交流并非友朋交往的一项内容。与子平则不然。我的第一本学术作品《艰难的选择》由子平命题并撰写小引；《明清之际士大夫研究》有子平发表在《二十一世纪》上的书评《危机时刻的思想与言说》，我又将这题目用在了平原主编的、由香港三联书店出版的选本上；复旦大学出版社推出的"三十年集"，我的那本《昔我往矣》，书名也出自子平的建议。与子平的"文字缘"尚不止于此。我曾在一本自己的作品中，写到子平（或许还有玫珊）为我一本版本不明的电子书逐页标注页码。没有写到的是，子平为那本百万字的书稿亲任校对。我愧不敢当，也自愧不能。朋友也者，不正是当这种时刻能不吝抛掷时间、精力的那个人吗？

为人谋，平原、晓虹的周到，子平、玫珊的细腻，均胜于我，近乎古风。我自问即使好友、至交，也未必能做出如子平的那种牺牲。但也唯好友、至交，你能放心托付。你的那种踏实、笃定，是好友、至交才能给予的。

那天在朗园的对话会上，坐在台下看子平在台上走过，平原示意我看他的步态。因了腰病，较我年轻四岁的子平已有老态，文字却依然年轻，应当与从事的专业有关。生活在年轻人中，我的朋友的心理都应当较我年轻。老钱、平原、子平都适于讲台。老钱的激情，平原的挥洒自如，子平表述中时有的警策，对学生都有足够的吸引力。三位的演讲风格均与其文风一致。钱、陈都像是享受讲课，子平是否如此，我没有把握。听说他在香港也组织了读书会，将课堂由教室延伸到了课外，想必对教师这一职业适应良好。知交中，由学术论，老钱、平原都应无遗憾——已尽其在我，子平似乎还有未尽之才。以他的能力，涉足古代世界应当并不困难。当然这只是我代为设想，子平或许并没有这方面的得失算计。当代文学是他与生活的时代的关联方式，借此长期保持了激情与活力。或许倒是我自己太过功利。回头看 80 年代的自己，偶尔的溢出（旁骛），也因学术不构成太大压力，要求你付出几乎全部的时间与精力。进入明清之际即没有了余裕。由这一点看，得失也难以计量吧。

时间的冲刷中，当年以为志同道合者，有的已是“熟悉的陌生人”，甚至是否真的曾经“熟悉”，也不免可疑。必要的距离是“全交”的条件。我庆幸没有与老钱、平原同在北大。太近的距离会损伤友情，我对此确信无疑。且不要说鲁迅写刘半农，偶尔查找张爱玲的一段文字，读到了张写苏青，写身边的人（即使不是至交）如此洞彻肺腑，我做不到，也不敢。可见半个多世纪后人的退化，不过徒然多了肤浅与世故。

与几位朋友的友情有较为纯粹的性质。我指的是不以学术为中介。我并不感到惭愧的是，很少读他们的文字（子平多少是例外），对方也不介意。对人太熟，读人即可。困难时相濡以沫，稍平顺也并不相忘，是一种趋于恒定的关系。在已能望见生命尽头的现在，这种稳定尤可珍视。你知道任何情形下你都不会孤身一人。

2019 年岁末

目　录

再谈“二十世纪中国文学”

访谈人：丁雄飞 [1]

1985 年第 5 期的《文学评论》上，发表了黄子平、陈平原、钱理群的长文《论“二十世纪中国文学”》。随后，《读书》杂志自 1985 年第 10 期开始，连续六期刊载了这三位就此展开的“三人谈”。作为文学史框架的“二十世纪中国文学”，由文学本身入手，将近代、现代、当代的中国文学视为整体，在 20 世纪 80 年代“重写”了一个现代化叙事的文学史剧本，从而开启了影响至今的中国现当代文学研究主流。

目前任教于中国人民大学文学院的黄子平教授，二十七年后再谈当年讨论“二十世纪中国文学”的语境、细节，以及他对于相关问题的看法、期许，从中我们可以看出其一如既往的坚持。

① 丁雄飞，“澎湃新闻”《上海书评》记者。

丁雄飞：今天再读1985年发表在《文学评论》上的《论“二十世纪中国文学”》，依然觉得十分精彩漂亮，据我所知，您是这篇文章的执笔者。有人将这篇文章总结为“乐观主义”“普遍主义”“精英主义”和“自由主义”，您怎么回顾当时这个“二十世纪中国文学”的提法呢？

黄子平：“二十世纪中国文学”是我们仨平时瞎聊天聊出来的。八字还没一撇，老钱就很兴奋，到处跟他们现代文学研究界的同人说，如何如何有这么个构想。《文学评论》的王信、樊骏也很兴奋，说赶紧把文章写出来，发头条。当年平原君还在跟王瑶先生读博，课业繁重；老钱呢，新任的青年教师，备课讲课全力以赴；我在北京大学出版社当文史编辑，相对时间多一些。所以就推我执笔。我一向写小文章，单篇作品的评论什么的，本科毕业论文吭哧吭哧拼命写了篇《作家论》，哪里写过这种大块文章？好在之前讨论比较充分，我不懂的随时问他俩，大概不到一个星期写出来初稿。准备讨论如何修改，不料老钱和平原说，很好，不用改了，就是它了。结果初稿就是定稿，吓我一跳，我从没写过那么顺利的稿子。《文学评论》的编辑老师也说，很好，就是它了，发头条吧。

这说明什么？说明有些东西确实是应运而生、水到渠成的。类似的想法到处都在酝酿，在萌发，譬如老钱就提到过，南京的许志英老师的文章，1983年发表，质疑五四新文学的性质，赶上“清除精神污染”，被压下去了。到1985年，算是从我们这里又冒出来了，但提法不一样（或许更系统化了）。同时在各地，都有很多同人在讨论现当代文学的“分期问题”，这证明改变文学史叙事的普遍要求已经不可遏止。

在20世纪80年代的启蒙思潮里，你说的这几个主义标签——乐观主义、普遍主义、精英主义和自由主义，当然都能贴上《论“二十世纪中国文学”》，没个跑的。可是“主义”后面的“问题”是什么，这才是我们要关心的。很多人已经忘记了，80年代所有的思考，起点都是“文革”和“文革”的结束。从文学史叙述的角度，无法回避的事实就是对作家、文艺家历史上空前的迫害。这是如何发生的？如何避免再发生？我主张当代文学不应从第一届文代会讲起，而要从第四届文代会讲起，从全体起立为“非正常死亡”者默哀的那个长长的名单讲起。你会发现过往的文学史叙述基本上是一个排他的、压抑的装置（“文革”中极致的表述是“从《国际歌》到革命样板戏是一片空白”），是为迫害辩护的，建立了迫害的合法性，本身是迫害的组成部分。我们的核心想法就是找到一个全新的叙述框架，使现代文学中“被侮辱与被损害的人”能够重新发声。这才是“二十世纪中国文学”的“问题意识”的核心。

丁雄飞：是否可以说，之后王晓明、陈思和在《上海文论》开设的“重写文学史”专栏和“二十世纪中国文学”一道，共同构成了一个20世纪80年代广义的重写文学史运动呢？

黄子平：我不太肯定是否有一个广义的重写文学史运动，我甚至害怕“运动”这种“大词”。晓明兄和思和兄开设专栏的努力，功不可没，可惜1989年之后就终止了，要由海外的《今天》杂志来延续。文学史是一种跟文科高等教育相关的现代知识生产，其不断的“重写”（教材修订）是正常的再生产。但20世纪80年代的重写文学史当然是另一回事了，不是小修小补，小打小闹。用我们当时的话，“不是换布景或换演员，而是换剧本”，以至于很多人觉得必须用“运动”这种“大词”才能概括其规模、雄心、影响和成就了。好吧，只要不“运动”到我，我对“运动”没意见。

丁雄飞：对于“二十世纪中国文学”，王瑶先生当初提出过批评：为什么不提左翼文学、第三世界文学、社会主义文学？如此这个“二十世纪”就成了一个被选择过的“二十世纪”了。此外，也有人质疑港台文学是否可以被整合进“二十世纪中国文学”。对于这些批评，您怎么看呢？

黄子平：这是老钱传达的批评。王瑶先生目光犀利，很厉害，对弟子很严格。我觉得王瑶会坚持他建立在《新民主主义论》基础上的新文学史论述，但私底下已经有极大的修正。老钱觉得王瑶先生的批评很对，到处传达。我没问过老钱和平原，王先生除了批评，有没有哪些肯定的意见。我想“不提”和“没提”或“不太提”，还是有区别的。为什么没提或不太提？会不会是作为主流、主旋律、庞然大物，它已经在那里很久了？论文的疏漏不止于此，也有学者批评，为什么不提张爱玲、钱锺书、胡适、周作人，不提自由主义文学？我想起卡内蒂的格言：“只看见过一次的东西不曾存在，天天看见的东西不再存在。”在文学史里，前者是“自由主义文学”，后者是“社会主义文学”，对吧？

港台文学怎么讲，一直是当代文学史的难题。“整合”这个概念本身就很霸道呀，我联想起企业兼并之类的现代资本主义运作。我设想“二十世纪中国文学”是一个开放的文学史框架，你爱放进来讲，可以；不放进来讲，也没问题。很多人都意识到整合的困难。我比较倾向于有些学者提出的更具包容性的概念，如华文文学、华语文学等，但不是为了整合，而是为了包容。

丁雄飞：在您和钱理群、陈平原老师当初在《读书》杂志上连载的“三人谈”中，你们似乎对于文学的文化观与文学的审美观有过内部的争执、交锋，时至今日，您对于纯文学、文学本身，或者说文学和政治的关系是什么态度呢?

黄子平：“三人谈”经过整理，当然有很多删节。平原君说过，三人谈的好处，就是不会像两人谈那样各执一端，甚至吵得不欢而散。在我的记忆里，那些不再复现的“内部的争执、交锋”也是多么美好啊。其实20世纪80年代，所有的人都明白，纯文学就是一个政治主张。1989年之后，北京秀水街卖的一款文化衫（T恤衫），印着六个字：“烦着呢，别理我。”这就是纯文学的意思。赵丹临终说的，“管得太具体，文艺没希望”，一样的意思。当然后来的一二十年，这个概念的内涵和解释有很大的变化。在文学史的教学和写作中，纯文学主要用来“过滤”那些文化官员和“宣传品”（台阁体）。在稍后对80年代的反思中，重视“底层写作”和“打工仔文学”的批评家，把纯文学纳入了你说的精英主义来狠批，反而有意无意贬抑了底层的文学创造性和文化活力。举个例子，盲人歌手周云蓬的歌，野夫的江湖写作，为什么就不能是生机勃勃的纯文学？来自另一个方向的批判是商业化的“欲望写作”，纯文学（包括知识分子写作）在他们看来就是香港人所说的“扮清纯”了。所以这个概念仍然是当代文化政治激烈交战的场域。

丁雄飞：在当时的“三人谈”中，陈平原老师说，“有的朋友说：‘二十世纪还没完呢呐！’其实也只剩下十五年了，一眨眼就过去了”。事实上，20 世纪的最后十五年中发生了许多事情，比如王朔、1992 年的南方谈话、“新左派”和自由主义之争。从历史的后见之明看，当初的“三人谈”似乎存在着一些偏颇？您又怎么看整全意义上的“八十年代文学”呢？

黄子平：我记得紧接着我们就区分了“物理时间”和“文学史时间”，作为文学史时间，你可以把 20 世纪划成“1895—1989”，或者用别的划法。如果这种 20 世纪的分期可以成立，你可以把后来发生的文学现象纳入新世纪去讨论。这就是为什么分期是文学史叙述最重要的概念工具，它提供一种边界，限定观察的坐标和讨论的范围，漫无边际的叙述不是叙述。当然分期也不是僵化的，而是浮动的、有时效的。那么，对作为“二十世纪中国文学”最后一个阶段的“八十年代”，该作何种整全意义上的判断？我只说其中的一点：它完成了向后革命时代的转型。用阿城的比喻，不再是在原来的桌子上吃菜，你跑到另一张桌子上搛菜吃了。

丁雄飞：您在 20 世纪 80 年代末有一篇很有名的论文《汪曾祺的意义》，您认为汪曾祺是将 20 世纪 40 年代和 80 年代连接起来的桥梁。从某种意义上说，这是一个很“八十年代”的讲法。现在有人会说，40 年代通向 80 年代，五六十年代发挥了很重要的作用。这种说法其实也代表了当下一部分人的态度。那么仅就汪曾祺来谈，您如何看待这种说法呢？此外，您可否也谈谈对“十七年文学”的看法？

黄子平：惭愧，那篇文章其实写得不好，只是对汪老那本《晚翠文谈》的粗浅书评。后来我听林斤澜说，汪老读了觉得一些问题还是“说到了点子上”（不是原话，大意如此）。我心里就踏实了许多。文学史家误导了作家，使汪曾祺自己也参加到“记忆与遗忘的机制”中来，错以为他的 20 世纪五六十年代是个空白，这种说法有可能误导读者。我想讨论的只是这么一个问题：当年复出的才俊很多，“晚”而能“翠”，并且影响风潮的很少（只有汪老和“九叶诗人”郑敏等）。汪曾祺复出后写的“最五六十年代”的小说当属《骑兵列传》，不成功，于是重写“四十三年前的一个梦”——《受戒》。我记得当时读到小说里有一首周作人民俗学意义上的色情民歌：“有心上去摸一把，心里有点跳跳的。”这绝对是“社会主义文学”必欲除恶务尽的民间资源。证之发表者《北京文学》主编李清泉所担当的政治风险，《受戒》这篇于 20 世纪 80 年代重写的 20 世纪 40 年代作品，与《骑兵列传》绝不是同一系列的写作（尽管你可以在语言的直接现实层面上列举许多相通之处）。其间的文学史空白何等沉重！我现在觉得谈汪曾祺的意义，不能把他参与样板戏这一节轻轻放过。他以“黑帮”的戴罪之身参加到“旗手”直接指挥的文艺实践之中，洞悉了“社会主义文学”创作的根本奥秘。当许多人为样板戏招魂之时，汪曾祺铁口直断，说样板戏是中国文艺史的一场噩梦。为什么？因为创作原则出了毛病：“三结合”（领导出思想、群众出生活、作者出技巧）、“三突出”和“主题先行”，令作者“胡编乱造”。

从根本上，即从创作原则上，我想也可以依据汪老的大彻大悟，来大体判断“十七年文学”。如果只从语言风格（生动多样的口语写作）或对地方风景的描绘入手，那就没有抓住根本。

丁雄飞：从“二十世纪中国文学”中，可以看出某种20世纪80年代知识分子的无意识，也就是说当时知识分子的普遍想法中必然存在着某种合理性，这显然不是现下一些简单的分析和批评就能打发的。对此您怎么看？

黄子平：我猜你的大概意思，是要对20世纪80年代的知识分子来点“同情的了解”。“无意识”呀，“合理性”呀，让我想起法庭上做无罪推定时引用精神疾病诊断的辩护词了（对不起，开个玩笑）。还是开头讲到的，“二十世纪中国文学”面对的是哪些问题？如果问题没打发，对问题的探询就很难打发。通常说“每一代人都应该有自己的文学史”，1985年到现在多少年了，世界和中国的变化极大，若还照着“二十世纪中国文学”这个很粗糙的框架讲文学史，我觉得有点悲哀。又一代重写文学史的人应该出现了。

丁雄飞：20世纪90年代以来有不少的文学史或史论作品出现。王晓明主编的《二十世纪中国文学史论》直接用了你们当年讨论的概念；钱理群、温儒敏和吴福辉的《中国现代文学三十年》讲了现代的故事，不过多少也接受了王瑶先生的意见；洪子诚的《中国当代文学史》为当代文学打开了局面；章培恒、骆玉明的《中国文学史新著》虽然写的是古代文学，但是也能看出和你们当年的讨论的深刻联系。而最近的，像贺桂梅的《“新启蒙”知识档案：80年代中国文化研究》和蔡翔的《革命 / 叙述：中国社会主义文学—文化想象（1949—1966）》则可以说是对于20世纪80年代的回应和反思。您对这些书有什么评价？

黄子平：这是一篇硕士论文的题目了。我的师友的这几部大著，可以说是我这些年的案头书，时时拜读都获益匪浅。他们面对的当然是各自的大问题，单从与“二十世纪中国文学”的对话关系上说，侧重点也很不同，很难概括评论。我很希望在对20世纪80年代的回应和反思上看到新的进展，当然也希望看到对反思的反思。

丁雄飞：纵观整个中国现代文学史的写作，曾经有“进化史观”“革命史观”，而20世纪80年代的《论“二十世纪中国文学”》是一种“现代化史观”。您觉得现下要再写文学史的话，该怎么写？

黄子平：我后来的想法比较虚无，偏于后现代，认为只有历史的碎片存在着，文学史只不过是高等教育知识生产的系统建构而已。不过，搜集被湮没的碎片，讲述被遗忘的故事，倒是文学史家的当下使命了。我很欣赏李洁非的《典型文坛》《典型文案》，尤其是后一本。如果文学史就是文学事件的历史，文案的写法就是对路的。假如我从第四届文代会的默哀名单开始写当代文学史，就会写成一大批文艺家的“死因调查报告”。这是侦探小说的写法，可读性很高，做教材就不行，没法测验，拿它考研，北大、华师大都考不上。

丁雄飞：当年的三位讨论者中，钱理群先生如今的兴趣几乎都在现实政治和历史上了，陈平原先生的兴趣更多在学术史、晚清和大学上，而像上海的王晓明先生也专心在做文化研究，唯有您还主要在现当代文学领域。对于这些转向，您怎么看？

黄子平：我想起两个词：量才适用和以身弘毅。他们几位突飞猛进，我呢，怎么使劲也追不上。所谓“转向”也不尽然，据我所知，老钱正在写“现代广告文学史”，平原对现代文学甚至当代文学也还有不少文章发表。我虽然也兴趣广泛，精力却不济，当然主要觉得现当代文学领域仍然好玩。像当代传记文学这一块就很好玩，从文学角度入手研究的人却还不多。这两年我读了很多现当代传记，还开了一门选修课“当代传记写作的历史编纂学与政治实践”。说起领域，据说德语里它跟“地界”是同一个词，所以有一次有人问韦伯他的研究领域是什么，他就不太高兴，说我又不是一头牛，非得在一块地里耕耘。老韦伯发科层化的牢骚。当然如今把韦伯放在社会学祖师里头，其实他在哲学、政治学等很多领域里都有建树。至于我辈，只能老老实实种自己的园地。

丁雄飞：有人认为，今天这个经过现代化洗礼的、分化的中国社会，可以说是20世纪80年代结出的果，而正是这个结果使得文学在当下已然失去了其当年的影响力。您觉得今后文学还有前途吗？

黄子平：我倒觉得是20世纪80年代启蒙运动失败的结果。这个说起来就复杂了，按下不表。80年代中期王蒙就讨论过“文学失去轰动效应以后”，春江水暖鸭先知，秋江水冷鸭也先知，文学家作为良心、民族魂、意见领袖的时代一去不返了。首先，当然是赶上了媒介的巨大更替，印刷文化向影视文化转型，随着新兴媒体逐渐代替印刷书籍，传统意义上的文学已经远去。其次，文学作为民族—国家的“国民教科书”的职能也消退了。教给人们做一个合格公民应具备的理想、意识形态、行为方式、判断方式，这一责任本来是由印刷文学来承担的。你可以说，中国人还来不及成为公民，就一跃成了“娱乐至死”的“粉丝群”。我认识的好些优秀的作家，都写连续剧去了；内地、港台大学文学系里年轻的同行，讲起了电影和杂技，捎带讲点文学。这是对的，大势所趋嘛。不过，套句老句式：文学死了，文学万岁——只要语言存在，用词语来创造一个想象的世界的方式就不会衰亡。说到我们仍然无比关注的中国当代文学，我还是不断有惊喜：好的诗，好的小说，新的作家，还是不时从所谓“垃圾”中蹦出来。

（原载《东方早报·上海书评》，2012年10月15日）

在大学里，“交谈”最重要

访谈人：燕舞[1]

这是一场迟到了十年的采访。

2006年夏，时任香港浸会大学中文系教授的黄子平出版了随笔集《害怕写作》，他反思“谦逊、谨言、慎思”这些这个时代稀缺的美德反倒让我好奇，所以该书甫一出版，我就去信联络专访，但是，他“害怕”了，婉拒了。缘悭一面这些年，当年策划出版《害怕写作》的朋友去读博并留校任教了，我仍断断续续留心着黄子平的踪迹：2010年从香港浸会大学中文系荣休后，他曾回母校客座两年；随后，又转赴中国人民大学文学院客座三年，以“沈从文八讲”圆满收官。

关注作为文学批评家和文学史家的黄子平，最初也是最重要的原因之一，当然还是他与钱理群、陈平原这“燕园三剑客”在

① 燕舞，本名张彦武，《中国青年报》、中青网记者。

1985年进行的"'二十世纪中国文学'三人谈"（简称"三人谈"）——"二十世纪中国文学"的概念横空出世，倡导以整体的眼光将中国现当代文学溯源至晚清，将"近代文学""现代文学""当代文学"三个时段打通。这一概念的提出几乎与沪上学者陈思和提出"中国新文学整体观"同期，也成为陈思和、王晓明正式实践"重写文学史"的先声。洪子诚教授在他那部流传甚广的《中国当代文学史》中，曾这样评述"新文学整体观"和"二十世纪中国文学"这一南一北两大新颖命题的转折意义：20世纪80年代中后期，这一文学历史"重写"活动，得到了具有文学史形态的理论表述而凝聚和加强。"燕园三剑客"中，黄子平或许是最具理论偏好的，然而他的慎思谨言中又藏着诙谐幽默。

三十余年来，黄子平的著述其实只有《沉思的老树的精灵》《文学的意思》《幸存者的文学》等几部，编选过一些香港的"小说年选"，但他在代表作《革命·历史·小说》中首创了"革命历史小说"概念，该书中有关"十七年文学"的研究成果也广为学界接受。洪子诚在《我的阅读史》一书中用专门的一章《"边缘"阅读和写作》来谈黄子平的洞见与性情——比如，黄子平对于现代小说中"病"的隐喻的精彩分析，对于"革命历史小说"中的时间观以及对其中隐含的具有"颠覆"功能的"宗教修辞"的揭示，都不乏犀利之处。在中国现当代文学研究领域，黄子平有"第一小提琴手"的美誉，其独到提法如"深刻的片面""创新的狗追得我们连撒尿的工夫也没有"等，也曾广为学界称道，但是，"三人谈"是他个人学术写作中自认为"最重要的"。然而，当20世纪80年代中期的"文化热"

戛然而止，在1990年，黄子平突然远离“中国文学”的“主场”，他先后在美国哥伦比亚大学东亚图书馆、芝加哥大学东亚研究中心、芝加哥社会心理研究所等海外学术机构访学，直到1993年，在“回归”前夕，才在香港结束这一段“漂泊”的旅程，开始长达十七年的香江执教生涯。不解内情的人总喜欢追问，才华横溢的黄子平当年为什么要离开声誉鹊起的北大，离开中国内地。

黄子平“害怕写作”，“害怕”过多地解释自己。最近几年，偶尔在沪上书评重镇读到两篇他的长篇访谈，似乎都是笔谈而成，我仍心有不甘。当获悉他将在2015年第26届香港书展上与北大中文系77级同班同学、旅美作家查建英对谈“跨语境、跨地域写作的优势与陷阱”时，我抱着响应“交谈”的谦敬，终于约上了他的专访——如果不是陈平原教授的高足季剑青博士提醒，我险些忘记2015年是“三人谈”发表三十周年。1986年7月2日和10月25日，北大中文系曾就“二十世纪中国文学”组织过两次座谈，后一次有日本著名学者竹内实、丸山升、伊藤虎丸、木山英雄以及时任美国芝加哥大学远东语文系教授的李欧梵参加。今年，2016年，恰是这两场座谈举行三十周年。三十年过去，昔日“燕园三剑客”中，1949年出生的黄子平——他长陈平原五岁，小钱理群整整十岁——也已退休五年多，在大陆与台湾高校偶尔客座讲学。

在去年的香港书展上，当我告诉“年度作家”李欧梵先生我将采访黄子平时，他赞誉这位晚辈为“香港文学批评第一人”，还忆起钱理群、陈平原的导师王瑶先生在1986年10月那场中日学者对谈中的精彩点评。最终，我在香港地铁炮台山站附近一家咖啡馆见到了黄子平，熙熙攘攘的市声逼迫我们就近转移到一家酒店的大堂。超过两个半小时的交谈涉及文学批评生态的变迁、香港中学和大学教育的现状等诸多议题。这个变换场地的小插曲，或许也能表征人文社会科学在香港的命运：虽然香港高校名教授们的薪水在亚洲乃至全球都令人称羡，但黄子平和他的同道们恐怕本质上还处在这个喧嚣工商社会的边缘。他的一部旧著就取名《边缘阅读》，他曾自述"'边缘'并不是与中心僵硬对立的固定位置""'边缘'只是表明一种移动的阅读策略，一种读缝隙、读字里行间的阅读习惯，一种文本与意义的游击运动"。

当我断断续续修订好这则长篇访问记时，黄子平已结束新近在台湾一所大学的客座讲学。2016年的新一届香港书展已然临近，广西师范大学出版社即将出版哈尔滨师范大学文学院徐志伟教授主编的六卷本《中国现当代文学研究前沿问题读本》，黄子平的两篇长文《革命·历史·小说》与《论中国当代短篇小说的艺术发展》即收入其中一册《"50—70年代文学"研究读本》。在专访定稿的这段时间里，偶尔在微信朋友圈里还读到黄子平转发的那些属于他阅读强项的理论文章，偶尔收到他的邮件，他告诉我"香港连日苦雨"，一日午后的来信里他还谦称这篇专访"谈的都是些鸡毛蒜皮，意思不大"。"连日苦雨""意思不大"这些淡淡的词语，总让我不禁想起素未谋面的忘年交、同样淡泊名利的台湾大学中文系荣休教授周志文先生。

就在这一年6月7日，香港浸会大学官网公布了第六届"红楼梦奖暨世界华文长篇小说奖"的六人入围名单，最终结果将于7月中旬正式公布。黄子平是这一奖项的决审委员，奖项出资人、香港汇奇化学有限公司董事长张大朋是黄子平“唯一一个没有毕业的硕士研究生”，这位经历传奇的商人一度给出了当时华文文学奖里最高的单笔奖金。“历届获奖的有贾平凹的《秦腔》、莫言的《生死疲劳》、骆以军的《西夏旅馆》和王安忆的《天香》。”尽管评审任务繁重，但黄子平对未来充满信心，“照这样办到第十届的话，这个奖就站得住了。”

燕舞：关于“燕园三剑客”三十余年前互相切磋问学的情形，在你们三人合著的《二十世纪中国文学三人谈·漫说文化》（北京大学出版社，2004 年 8 月）一书中，陈平原教授对与您的相识、互动多有回顾，那么，您和老钱（理群）最早是怎么开始交往的？

黄子平：1984 年硕士毕业以后，谢冕老师让我留在中文系教书，当时的系主任严家炎老师也坚持要我留在系里，结果系里书记说此人思想落后，不能留。孙玉石、谢冕两位老师没办法，就去找北大出版社社长麻子英，他整天披着一件军大衣，非常豪爽。他们出版社当时大概也没有几个有硕士学位的员工。后来我才知道，这两位老师觉得系里的书记过两年就退休了，在他退休后我就有机会回到系里。

在北大出版社文史室当了快两年的编辑，1986 年我才回到系里，教书大概教了不到四年，1990 年就离开了。在北大出版社那段时间比较空闲，后来发现我学东西最多，或者说跟老钱、平原他们在一起交谈最多的时期，正好就是 1984 年、1985 年、1986 年。当时出版社来稿很多，但能用的很少，大量时间都用来做校对。那时候出版社出《三国演义》汇评汇校本，我经常背着校稿跑到国子监去看《三国演义》的孤本。这些工作都是些技术性的活儿，到了晚上我就可以写东西了。

那时候，北大中文系里严老师、孙老师、谢老师他们对年轻人是特别爱护的，考虑很周全。他们再上一代的老先生们，比如林庚、王瑶、吴组缃，他们的年纪都很大了，只上一点选修课，我们77级、78级算是最后一届能修老先生们课的本科生。但当时每次去听他们的课，并没有意识到这是最后的机会。

燕舞：多年以后，文学史家们将您和老钱、陈平原合称为“燕园三剑客”。当年，应该是论文《论“二十世纪中国文学”》先发表，然后才是《读书》杂志组织你们进行“三人谈”？

黄子平：“燕园三剑客”是把我们传说化了。对，后来的“三人谈”得以促成也很偶然，有一次我跟平原一起去《读书》杂志社，聊的好像是他们要开的一个关于“批评的批评”的专栏。我突然灵机一动，说我们仨有这么一篇论文，有一些前期共同讨论时的录音材料可以整理出来，此前没有想到那些录音会有用。那么大一个选题，《读书》月刊一年才十二期，“三人谈”连载六期，当场就拍板了。那时候《读书》编辑部主事的是董秀玉先生，非常有魄力，吴彬女士那天也在。

后来我们发现，其中影响最大的还是“三人谈”系列，《文学评论》先期刊发的《论“二十世纪中国文学”》的影响反而没有那么大。先在《文学评论》上刊发，老钱跟编辑王信、王行之他们熟。老钱总是很兴奋，文章还在讨论酝酿，他就到处跟朋友们说有什么设想，王信他们马上就说“这篇文章一定要给我们”，这就是20世纪80年代的作者和编辑之间的关系，这种情形是后来比较少出现的。

比如说，我1983年在《文学评论》最早发表的那篇评论《“沉思的老树的精灵”——林斤澜近年小说初探》，其实文章雏形是我在北京作家协会一个很小型的座谈会上的发言。我的导师谢冕先生是北京作家协会理论部的成员之一，当时理论部要开一个关于北京作家的小型研讨会，导师就给我们派了任务，一人挑一个述评对象，我就挑了林斤澜，季红真挑的是汪曾祺，张志忠挑的是邓友梅。我挑了林斤澜以后，才发现林斤澜的作品是如此不好读，如此涩、怪，我下了很大功夫去把能找到的林斤澜的早期作品和后来写的作品都找来。这篇评论一开始只是座谈会上比较详细的发言，还没有成为独立文章，《文学评论》的编辑杨世伟老师在座谈会后，马上就说“你把它写出来给我”，于是我就吭哧吭哧地写出来。写出来之后，杨老师只给我删掉了两个四字短语，这次修改让我一辈子受用——第一个是“毫无疑问”，我那时候很喜欢用这个短语（读列宁文集读太多了），杨老师说现在还有什么是“毫无疑问”的吗；第二个短语就是“众所周知”，他说都已经是“众所周知”了，你还说它干什么。我马上领悟到，第一，不要说死话；第二，不要说废话。这篇论文刊发后，还拿了中国社科院理论奖的三等奖。后来，杨老师请我到他家吃饭，我第一次看到老北京人家里面做涮羊肉的全部程序，调那个酱时腐乳跟芝麻酱是主要的，然后怎么切那个羊肉片，很有意思。一个老编辑把年轻的作者当朋友，现在很难想象了。我和许子东还到过王信非常简陋的家里，呼噜呼噜吃西红柿鸡蛋打卤面。若干年后，我在学术会议上看见一群大学教授围着什么“核心期刊”的小编辑团团转，心想，今夕何夕！

后来读到《王蒙自传》，王蒙还提到我这篇文章，说他见了林斤澜，跟林斤澜说他读了这篇评论感动得落眼泪，林斤澜冷冷地回了一句：“你还有眼泪？”接着，王蒙一通发挥说是“泪尽则喜”。

80年代的老编辑很会抓选题，他们主要做两件事情，一是选到对的作者和对的题目，二是选到了就催促他们尽快去写。当时，《读书》杂志每个月月底有一个“读书日”，就是一帮学者喝茶聊天，编辑们穿梭其间，经常突然间抓住一个题目，就让某位学者给他们写。80年代，围绕这些刊物的“作者圈”的，也是一种“交谈”，这是很重要的，毕竟文学刊物的生产机制只看刊发后的文本是看不出全貌来的，就是要交流，要“交谈”。其实，大学也一样，像美国大学里很重要的一项活动就是他们的 brown bag lunch，就是中午时分不同系的教授在一起吃简单的午餐，他们每人拿一个褐色纸袋在那聊天，经常会聊出很有意思的课题，这个学科的研究题目会启发另外一个学科的学者。

在大学里面，这种“交谈”是最重要的。我1998年在东京大学东洋文学研究所访问过一段时间，日本的大学是另外一种研讨方式，他们一般有一个常年坚持的读书会，像他们的“30年代中国文学读书会”，几十年来就读那本《现代》杂志，一篇文章一篇文章，一句一句地读，几代学者就这样读下来。我参加过这种读书会，他们有一个很好的规矩，就是读完以后就去居酒屋喝酒，教授掏钱，学生不用掏钱。一些在日本访学过的学者回国后，想在北京照搬这套读书会的做法，发现不知道为什么行不通。

燕舞：您 1990 年离开北大远赴海外，是因为您夫人是侨生的关系，还是有其他更为复杂的原因？我看到后来留校的吴晓东教授回忆，您当年的课特别受欢迎；陈平原教授也特别怀念你们“燕园三剑客”当年融洽的讨论氛围。

黄子平：有大时代的原因，但也不完全是。那段时间要去阿根廷探亲，探亲之后到了美国，正好李欧梵先生在芝加哥大学东亚研究中心有一个研究计划，他申请到一笔“卢斯基金会”的研究经费，计划研究后“文革”时代的中国文化。卢斯（李欧梵喜欢译成“鲁思”）是传教士的后代、《时代》杂志的老板，他对跟中国有关的研究项目很肯给钱。欧梵一看我经过美国，说“正好我们要请你来”，所以我就留下了。当时我跟北大中文系请了几个月假，一共待了一年多，后来要续假时北大不同意，就算我滞留不归了。这个项目的参与者还有许子东、李陀、刘再复等人，那时我们凑在一起，天天讨论，正好那时候“现代性”的问题开始被讨论得比较多。这个项目结项的时候开了一个研讨会，参与者各自提交了一篇论文。我当时提交了一篇关于丁玲小说《在医院中》的讨论，可以明显看到里面有讨论到“现代性”的问题。后来，欧梵调到洛杉矶大学去了，我就到了伊利诺伊大学厄巴纳 – 香槟分校，待了一年多，开始做“革命历史小说”的研究。东亚图书馆才不管这些书在冷战方面如何“汉贼不两立”，它们就这样像亲兄弟一样肩并肩地站在同一排书架上，我非常震撼。这种震撼是不同的分类学带来的震撼。所有的教育或者说学问，最基础的部分都在分类学。其实，从小学开始，老师就开始教我们怎么分类，此后接受的教育是越来越复杂的分类。所以，有时候所谓知识或者研究范式的转换，只是不同的分类学出现了，原来不是一类的知识突然被合并成一类了，或者原来属于一类的知识变成了两类。

我很幸运，在1990年离开北京之前，正好有一个台湾文化人郭枫——他有一笔钱，又是一个“统派”——跑到大陆来组织了一批书稿。台湾一家出版社要出，后来郭枫的生意不行了，这些书稿就搁置在台湾。我在芝加哥大学时参加哈佛大学召开的一次中国现代文学学会的年会，认识了包括王德威在内的很多后来的老朋友，就跟德威兄提起搁置在台湾的这部书稿。他当时正好跟台湾远流出版公司有合作，书稿就很顺利地转到那里出了，就是《幸存者的文学》那本书。1993年我从伊利诺伊大学厄巴纳－香槟分校回香港，是因为香港浸会大学中文系正好有一个教职。当时是陈国球教授当系主任，他拿着这本论文集跑到他们文学院院长那里，往那个英国学者的办公桌上一摆，说“我们要请这个人”，居然就通过了，我甚至不用面试，也不用飞过来试讲。等我1993年到了浸会大学中文系时，陈国球教授已经调到刚创立两年的香港科技大学了，接替他的系主任陈永明教授安慰我说“我也是刚来的”，但他可能有点担心我的内地背景，就去问他在香港中文大学的好朋友小思老师

"这个人到底怎么样"，小思老师很郑重地说："这个人如果你不请，我们都要请了。"他一下子就放心了。我很幸运，一辈子不管到哪儿去都没有被面试过。

到了浸会大学中文系，必须"古今中外"的课程都教，不能只教当代文学专业，除了语言学方面的课程没有开过，我光讲"中国古代文学批评史"就讲了十几年。当初在北大读本科时，"中国文学理论批评史"这门课我旷课最多，因为当时我对"性灵说""神韵说"这些都不感兴趣，但通常越是旷课的课考的分数反而越高。老天惩罚我，让我教"中国古代文学批评史"十几年。在浸会大学教这门课时我就开始恶补，平原君就笑我说，读了"性本善"就去教学生"人之初"。

燕舞："南来文人"群体在香港学术社群的融入也是我很感兴趣的议题，您的老家广东梅州本来是讲客家话，但当年下乡海南时习得的粤语，显然有助于您融入也讲粤语的香港？

黄子平：对，当年在海南岛的农场下乡插队时，跟广州来的知青在一起混，混的时间长了，日常的粤语就会了。其实，我刚来浸会大学的时候，学生们听我的普通话比较困难——第一堂课上有一个选项，即征求学生们的意见，授课到底是用普通话还是粤语，结果，大家都举手说用粤语。我说你们损失大了，因为我用粤语讲课很不生动。后来，浸会开了一个"MA（一年授课型研究生）课程"，收了很多内地来的学生，跟这些学生上课时我就改用普通话了。内地来香港求学的学生比例越来越高，这些学生学粤语也学得很快，尤其是女生，不少人都是语言天才。融入大学对我来说倒没有问题，但要融入本地的文学“界”就需要一种自觉。我自己比较自觉，因为我是做文学评论的，所以我提醒自己一定要参加当地的文学活动，不管是文学创作还是评奖等其他活动。所以，我跟本地的香港作家有很多交往，与那些本地年轻人办的文学杂志都会有接触。

参与文学类评奖也少不了，香港曾经几乎所有文学奖都请我当评委，有些是没有酬劳的，我也会答应。曾经有学生统计了一下历年文学奖的评委人选分布情况，据说我排亚军，冠军是接触了很多年轻人的诗人叶辉，“文青”们叫他“叶辉叔叔”。香港最主要的文学奖就是由艺术发展局主办和资助的，由香港图书馆操办。

燕舞：那浸会大学文学院2005年创立的“红楼梦奖暨世界华文长篇小说奖”呢？

黄子平：这是另外一个故事了。有一个上海籍的老先生张大朋，他是20世纪60年代的大学生，很聪明，高考考分很高，但因为家庭成分不好，就被调剂到北京石油学院。当时正值“困难时期”，分配工作的时候他被分到了兰州。他去兰州实习过，知道那个地方是不能待的，否则可能要死掉，所以就没有服从组织分配，回到了上海。这在当年是非常特殊的现象，不服从组织分配的人户籍竟然能退回到上海，可以作为一个无业人员在上海待着。

后来，他来了香港，做本行化学工业，成了香港汇奇化学有限公司的董事长。1997年之前他移民到加拿大，突然查出肝硬化，要换肝。手术很成功，他躺在医院里，不断有人问他换肝手术的注意事项，他回答得很烦，干脆就写下来，写完之后发现原来自己可以写文章，就写了这么一部长篇自传体小说。这位老先生很有意思，后来他给自传取了一个很适合在机场书店卖的书名，也可以说是一种“标题党”。后来，老先生就跑到浸会大学文学院来要读研究生，他年纪比我还大，钟玲院长建议他读我的硕士研究生。我一看是上海人，就建议他写一部小说来代替论文，他答应写十个短篇，总题目叫《上海女人》。读到后来，他不感兴趣了，他是我唯一一个没有毕业的硕士研究生，烂尾了。但是，他打算弄一笔钱出来办文学奖，决心给出当时华文文学奖里面最高的单笔奖金（当然现在已经不是最高的了）。当时，我建议他奖助长篇小说的创作，后来发现这个建议真把自己累着了，因为我们决审委员每年都要读至少七八部长篇小说，有些长篇小说是上下两卷或者上中下三卷甚至多卷，这个工作量很大。刘绍铭教授是第一届评委会主席，第二届他就退任了，太辛苦了。历届获奖的有贾平凹的《秦腔》、莫言的《生死疲劳》、骆以军的《西夏旅馆》和王安忆的《天香》。照这样办到第十届的话，这个奖就站得住了。

燕舞：您的个人阅读似乎流露出较强的理论偏好，甚至，就在今年 5 月 11 日，我还在您的微信朋友圈里看到那篇哲学家阿甘本关于“警察在例外状态下的主权治理”的论述——警察是暴力与主权之间的构成性交换的赤裸地带。也请您介绍下您在浸会大学曾坚持了长达十年的“理论经典读书会”这一“少数人的读书会”。

黄子平：我在香港参与的那个“理论经典读书会”，几乎每周六下午都有，有时是两周一次。那时，我带的研究生不少，在香港，我们浸会大学的研究生名额本来是不多的，正好碰上带研究生不计入教员的工作量，别人不愿意带我倒愿意带，官方统计证明我带下来的研究生人数占整个文学院那么多年的总量的三分之一。后来带研究生要算工作量了，我就不带了，因为有争夺资源的感觉。

“理论经典读书会”差不多从21世纪初开始，持续了近十年，到我2010年退休为止。它也吸引了香港中文大学、香港科技大学等学校的一些硕士、博士研究生和青年教师。参与者十年间进进出出，在香港这么忙的一个地方坚持读书，我自己都很惊讶能够读那么久。

基本上，一些比较有代表性的理论家的著作我们都读。李欧梵先生在香港中文大学有一个博士生叫张历君——博士毕业后留校在文化及宗教研究系担任助理教授，他读书很多，而且在理论上非常敏感，所以当时我们所有的阅读书目都是由他推荐。每一次会有一个人主持，通常，我负责绪论或第一章和最后一章，争取能够把整本书贯通起来，我自己也从中学到很多东西。每部理论专著都按章节分给每个参与者，分好每个星期谁讲这一章，讲完之后再进行问题讨论。之所以分章节给每个人，是因为理论书往往很难的，一个人读很辛苦，如果有一群人读，互相比较、问难，那就会好读一点。

我们的周末理论阅读以理论家们已出的中文版著作为主，读不通的时候就选择外文版本来翻译，有时候会拿外文原著比对着读。

有些专著的翻译很糟糕，我们能读出很多误译、漏译的地方，越是中文很顺的地方越是有问题，这往往就是翻译的问题。有一段时间我们对已故法国后现代哲学家德勒兹很感兴趣，就读了他的专著，读了很久。学生们参考德勒兹的“小数文学”理论来讨论香港文学，有很多洞见。我退休前大家读的最后一本书是意大利哲学家阿甘本的《例外状态》。我们在阅读过程中有讨论，也有很多争论，倒没有分歧特别大的时候。这样的阅读有一个好处，就是参与者们不会纯粹地读理论本身，通常他们也有自己在研究的题目，所以会把理论跟他关心的另外一个问题串联起来，跟纯粹读理论还是不一样。比如，理论著作中举过的例子，参与者会用另外的例子来补充，或者提出反例。

有一年香港科技大学开会，刘剑梅她们定了“当代写作和荒诞”的题目，邀请我去做一个发言，正好我们那时候在读阿甘本，所以我引用了他的论述。之后，我听香港中文大学的老师说，那年学生的论文里到处都是阿甘本——这些学生都参加了那次研讨会。理论的“旅行”会有很多意想不到的路径。

香港的大学有一个好处是可以跨校修学分，比如我的学生可以去香港科技大学修陈建华教授的课，或者到岭南大学去修郑树森教授的课，所以课堂上往往会有来自不同学校的学生。全港的大学图书馆也都是相通的，可以跨馆借书。

燕舞：20 世纪 80 年代以来，香港的中学一批有经验的教师的流失，带来的后果非常严重，比如，它直接导致香港的大学生源质量下降。而谈及中学教育，我记得香港中文大学的荣休教授小思女士曾做过中学老师，而且香港的知名作家和大学教授中不乏做过中学教师的。

黄子平：对，而且小思老师教过的学生，大多毕业后去当中学老师，她是特别关注中学的一个教授。在内地，我的老朋友钱理群也特别关注中学语文教育。很多时候，他们可能会有相通的感受，内地的教育也是危机重重。

燕舞：您也曾谈过高等教育的“麦当劳化”。

黄子平：“麦当劳化”就是你目睹了教育怎样成为产业，不光目睹了，也经历了，后来发现内地高校的扩招更厉害。我在浸会大学中文系被分配设计“MA（一年授课型研究生）课程”，其基本理念就是要招够多少学生才能够不亏本，所有的举措都是围绕这个理念来设计，我都崩溃了，我最不适合干这个。

燕舞：前面也讲到香港的流行歌曲和香港电影，这些一度很发达的流行文化门类，对做文化研究的学者来说可能正是一个难得的学术田野——香港本地年轻人的文学阅读有限，能够直接依赖于文本的文学教育就相对薄弱。对于您做文学批评和研究来说，这个城市有什么影响？

黄子平：流行歌曲和香港电影，我指导过这方面的硕士博士论文，我自己做的直接的文化研究很少，我没有接受过关于电影方面的训练，看电影纯粹是为了放松和欣赏。浸会大学中文系一直没有开这种电影课，因为学校本身就有很强的传播学院和电影学院，学生有需要的话到那两个学院修课就可以了，我在浸会大学反而没有这方面的压力。

（原载“澎湃新闻”2016年6月28日）

理想的文学史是怎样的？老实说我一直很迷茫

访谈人：魏沛娜[1]

1985 年，黄子平和陈平原、钱理群共同提出了“二十世纪中国文学”的命题，把 20 世纪的中国文学作为一个不可分割的有机整体来把握，从而打通了“近代文学”“现代文学”和“当代文学”的研究格局，对中国现当代文学研究影响巨大，也为国内 1988 年正式提出“重写文学史”开创了先声。黄子平的代表作《革命·历史·小说》中有关“十七年文学”的多数研究成果已转化为文学史定论，他首创的“革命历史小说”概念已为多部文学史著作所接受。

多年前，黄子平从北京转赴香港任教，近年返回北京教书，接下来又计划前往台湾授课。类似于“漂泊者”的经历，使他拥有丰富的“在场”观察。他与当代文学批评界与理论界保持着若即若离的关系，使他又有隐居者般的清醒。

① 魏沛娜，《深圳商报》记者。

反省“重写”本身的困境

魏沛娜：现在距离您和陈平原、钱理群合作发表《论“二十世纪中国文学”》已过去了三十年，如果让您再论“二十世纪中国文学”，会有哪些新的思考？

黄子平：回想当年，我们在不同的文学史“时段”里分头读书，一起讨论。老钱读到了周作人、沈从文和张爱玲，我读到了《重放的鲜花》《九叶集》和《白色花》，陈平原读到了晚清提倡白话文的很多文章，我们共同的疑问是：是何种“认知范式”使得这些作家作品从“文学史”里消失了？我们意识到当年的文学史叙事是一个粗暴的叙事装置，其过滤和排他的机制制约了近现代文学的“整体呈现”。这种装置的建构依赖两个重大的时间节点：五四和1949年。五四的“新文学”为了确立自身，回溯性地发明了“旧文学”（后来中性地改称“古代文学”）；1949年后，更加“新”的“新文学”（“当代文学”）出现了，同样回溯性地将不够纯净的“五四新文学”命名为“现代文学”。所以“二十世纪中国文学”这个概念的提出，前辈师长很敏感地指出来，不仅仅是“打通近、现、当代文学史”，而且是消解“重大时间节点”，转换一种新的叙事框架，使多年来被压抑被侮辱的声音得以浮出地表。对应“残缺的文学史”，我们着力最多的理论工具就是“历史总体”（这是从卢卡契那里来的），这跟陈思和他们借力于“整体观”“重写文学史”正是相通暗合。要说三十年后有哪些新的思考，我想自己对“总体”

或“整体”已不再那么迷恋了，反而相信我们只能像本雅明说的“拾荒者”，做一些收拾“历史碎片”的工作。

魏沛娜：就您观察，“重写文学史”口号的提出对中国学界产生了哪些实质性的影响？今天再提“重写文学史”又有何意义？

黄子平：于今想来，“重写文学史”实在不算是一个多么深刻的学术主张。很多新作家新作品不断加入“文学总体”（让我们沿用这个概念），肯定会影响到我们对既往作品的理解，然后量变累积到质变，连叙述框架也必得转变了。一代有一代的文学，一代人有一代人的文学史，其实文学史总是在或多或少的重写之中。但当年这个主张颇有点挑战意味，惊动了京沪两地的专家学者，开了好多场座谈会，原因何在？无非是原先那个粗暴的过滤装置太僵化了，容不得“改动火炉子的位置”，以为这是要掀屋顶呢。当然走的人多了，也就成了路，重写文学史已成常识，不再引起大惊小怪。你读最早的几篇列入“重写”阵容的论文，无非是对茅盾的《子夜》、赵树理说点不同以往的评价而已。到如今有人痛诽鲁迅，也没有多少人把眼球转过去。至于“上千种版本大同小异的文学史著述”，倒不是叙述技巧运用纯熟了，而是内地高校文科教育“全面项目化”的产物。我对各地中文系里教文学史的同人有很深的“同情的了解”，谁不是在体制里挣扎求存？如果说今天再提“重写文学史”有什么意义的话，那就是要把自身的逻辑贯彻到底，也就是说，反省这种“重写”本身的困境，对“重写”来一番重写。

文学史教学应该倒过来

魏沛娜：作家和作品是否构成了文学史的核心？怎样的作家和作品才能选入文学史之中？

黄子平：我们读每一部作品，都是在一种自相矛盾的情形里阅读的。一方面，我们把它看成一部独立的、自成一体的“单子”；与此同时，我们又不断联想到别的类似的或相关的作品，正是这些“前阅读”成为我们阅读的理解视野。文学史家做的工作，就是一方面阐明某一部作品的“独特性”，说它如何“世无二出”；另一方面，不断使用各种概念工具，如作家、社团、流派、思潮、运动、时代，把作品纳入越来越宏观的互文洪流之中去解说。我们个人阅读的时候，能出也能入，无论多么天马行空的走神，终归能回到作品本身来。文学史叙述的危险就是出而不入，作品往往淹没在宏观叙事里，消失了。这些年中文系的教学中，有识之士一再强调回到作品本身，强调开作品精读课，正是意识到了这种危险。开学之初学生拿到老师的“必读书目”，其实是读不过来的，为了应付考试，最后只读了一本最糟糕的作品，就是任课老师编的那本文学史教材。但是精读课的危险是“入而不出”，将文学史变成章句之学，将思维陷入某一部名著微言大义式的烦琐注疏之中。我建议把文学史资料作为辅助性的如百科全书一般可供查阅的“工具书”，学生在精读时想要了解历史的脉络，了解宏观背景，就可以去翻翻。我读北大本科的时候，古代文学的教材是游国恩先生主编的那本，辅助材料是《先秦文学史参考资料》《两汉文学史参考资料》和《魏晋南北朝文学史参考资料》。我从两本“参考资料”学到的远远超出游先生的教材。所以文学史的教学应该倒过来，以参考资料为教材，以教材为参考。

魏沛娜：我有时觉得编写文学史的人，尤其是在学术界颇具分量和地位的学者，在某种程度上垄断着社会对作家作品的理解。

黄子平：也不至于那么严重。都知道夏志清的《现代中国小说史》奠定了沈从文、张爱玲、钱锺书的文学史地位，但他对张天翼的评价也很高啊，张天翼就始终上不去。萧红他当年有点看不上，后来自己都后悔了。文学史的权威更多来自教育体制，所谓“部编教材”，或者任课老师的指定（除非你是旁听生，不参加考试）。我教书的时候绝对不把自己写的书列入参考书目，你已经在课堂上误人子弟一个学期了，还要拿自己写的东西考人家，给他打分，这不对。作家（和作家的后人）也不要太看重文学史的排座次。

文学在香港是边缘“行当”

魏沛娜：您在 1993 年赴港定居和任教，其间也参与、见证了香港很多重要的文学活动，比如编选过香港文人的作品集和年度小说选刊。这两年您又回到中国人民大学文学院授课，您观察香港和内地之间有哪些文学方面的差异？

黄子平：我曾经引用萨义德的论述，说“漂泊离散”者虽然无枝可栖，却也有一种好处，就是拥有观察事物的“双重视角”。其实，这是说来容易做来难的事情，这里只能说点最切身的体验。文学在香港是一个边缘化的“行当”，在香港很少单纯的“文学人”，既没有国家付薪的“专业作家”，也很少人能够靠“爬格子”为生（除非你是畅销书作家）。大部分人都是有自己的职业，“顺便搞点文学”。对我来说，虚飘的文学“使命感”消退了，文学成了纯粹喜欢的事。我写评论，参与年轻人的文学杂志，编书，乃至参加一些评奖，就只是喜欢，有一种回到当年“业余作者”的感觉，一个“文学爱好者”的感觉。我回到北京，有时候到上海，观察我以前的批评家同行，觉得他们真是累坏了，尤其是频繁奔走于各种作品发布会。在香港“做”文学，不那么热闹，反而有可能静下心。我在香港接触的“文学爱好者”，年纪大的，年纪轻的，说话都细声细气，面容安详，写出来的作品却往往是大手笔，气象万千。商业社会当然熙来攘往车马喧，但在文学这一块，特别安静。

魏沛娜：相比于内地高校，香港高校的师生是以一种怎样的态度对待文学史?

黄子平：香港各大学的中文系有很大的差异。香港大学的中文系其实是“汉学系”，它的历史系只教“历史”，不教“中国历史”，哲学系只教“哲学”，不教“中国哲学”，于是这些“古怪的东方学问”全放在中文系里教。有意思的是在20世纪60年代火红的岁月，香港大学是最早开设“中国当代文学”课程的，讲述浩然的《艳阳天》和《金光大道》。香港中文大学的中文系就“特别中文系”，秉承钱穆、新亚书院的传统，古代文学特别受重视。新文学就没有什么地位了，好在有黄继持先生讲鲁迅，小思先生讲现代散文，算是有一个平衡。岭南大学和浸会大学跟香港中文大学同一个路数，现当代文学学科的建设都比较滞后。还有一个有趣的现象，20 世纪 80 年代中国内地做“比较文学”的人基本上都是中文系出身的，而港台外文系留学欧美学“比较文学”的人，回来任教，多半会去钻研中国文学，拿来跟欧西文学比较，这很容易在 20 世纪 90 年代之后顺理成章把文学史叙事带入“文化研究”的潮流。

没动过写文学史的念头

魏沛娜：我注意到，自 20 世纪 90 年代以来，您对中国当代作家作品的分析和评价似乎不多，这是否意味着您对中国当代文学的某种失望？

黄子平：这是我自身的问题。我说过“批评总是同时代人的批评”，我对新人新作已经丧失了“同时代人感”。什么是“同时代人”？就是对某些重要问题有共同兴趣的人。每年我都能读到不少好作品，很好的长篇小说、很好的诗歌，但是鲜有当年那种兴奋和激动，激动到马上拿起笔来写几句。这对一个做文学批评的人不是一个好的状态，而且这种状态持续很多年了，我对自己很不满。

魏沛娜：如今中国当代文学也走在“拼翻译”以走出国门、走向世界的路上，尤其莫言获得诺贝尔文学奖更坚定了人们在这方面的追求。在您看来，中国文学史的书写是否也要跟国际接轨？

黄子平：据我有限的阅读，好像世界各国新修本国文学史的不多。奇怪的是，近年来欧美汉学家们编的中国现代文学史出了好几本，德国人顾彬写的，还有剑桥版、牛津版什么的。同时他们也翻译中国人编写的文学史，像荷兰人翻译了洪子诚老师的《中国当代文学史》。这些都只能说明他们那边的学术需求，跟我们的接轨不接轨没什么关系。仅仅就高校教育的领域看，我觉得延续多年的全覆盖通史式的文学教育，从先秦讲到晚清，从五四讲到网络文学，这种模式应该改变。道统、政统、文统，万世一系的虚假的连续性，是我们文学史叙事的基本认知范式。也许可以设想以某种板块化的、空间化的、博物馆化的讲述方法，以福柯“考古学”的方法，来摆脱“时间意识形态”的宰制。

魏沛娜：您的文风素来淳朴生动，在缜密智性的学理之中不时跳跃着活泼风趣的个人情感，假如由您来写一部中国文学史，一定不会是“脱离心智”的“机械的手腕运动”（借南京大学外国语学院英语系教授但汉松之词）。可否谈谈您心目中理想的文学史是怎样的？

黄子平：因为我自己不写文学史，回答这个问题就是“站着说话不腰疼”了，必须是弯下腰来动手的人，跟“文学史”课题埋身肉搏的人，才有资格说话。我讲了很多年的现当代文学史，每学期、每周都用很多时间修改讲课的讲稿。主要是面对不同知识背景的学生、不同的理解程度，还有课堂的现场效果（不能让学生全睡着了），好像修改永无止境似的，从来也没有起意说要动手来写一部中国文学史。对文学史的“讲法”当然经常有一些异想天开的点子，譬如说当代文学可不可以不从第一届文代会讲起，而是从第四届文代会讲起，从全体起立为“非正常死亡”的文艺家默哀，从那个长长的名单讲起？这就把当代文学史讲成一部“死因调查报告”，有侦探小说的结构，学生听起来会很过瘾。可是考试怎么考？理想的文学史是怎样的？老实说我一直很迷茫。

（原载《深圳商报》2015 年 1 月 8 日）

批评总是同时代人的批评

访谈人：张定浩[1]、黄德海[2]

访谈人：中国当代文学批评在过去三十年里经历了很大的变化，回顾这三十年的文学批评史，我们会发现，无论是强调“回归文学”的20世纪80年代，还是“文化研究热”的20世纪90年代，抑或学院批评蔚然成形的21世纪，在每一个十年，您虽然都著述不多，却始终立在潮流的前沿，当然有时，这前沿也是边缘。作为一位见证当代文学批评不同发展阶段的当事人，以及作为一位至今依旧活跃的文学批评家，您对这三十年来中国当代文学批评的变化是如何理解的？进而，面对这样的变化，您最深切的感受是什么？

黄子平：我想我也就在20世纪80年代“活跃”过一阵子吧，

① 张定浩，《上海文化》杂志副主编，诗人。

② 黄德海，《思南文学选刊》副主编。

后来就安于边缘，安于在香港一间大学里“以教为主，兼做别样”了。当然，对三十年来的中国文学批评，也不是毫不关心。最深切的感受就是我那些活跃在80年代的老朋友，后来都不太做当代文学批评了。记得20世纪90年代初，我刚刚从南美北美辗转到了香港，读到吴亮写的一篇《批评的缺席》，他对《曼哈顿的中国女人》发出犀利的批评，最早提醒我们注意“商业民族主义”的兴起和批评的无动于衷。后来他自己也从文学批评里“缺席”了，做美术批评去了。若干年以后，我在上海碰到吴亮，问他怎么回事，他说批评是写给几个朋友读的，你都不在此地了，我还写什么？我想起本雅明说过，“批评家的更高权威是其同人，不是公众，更不是后人”。老朋友们太早淡出江湖，最是令人感慨万千。

访谈人：T.S. 艾略特曾经说，一个合格的创造者也一定是一个合格的批评者。作家文论，始终是西方文论的一个相当重要的构成。如果说五四以来我们还有鲁迅、茅盾等一批作家和批评家兼备的人物，到了21世纪，似乎作家和批评家完全成为两种职业，除了诗人们还会互相写一点评论之外，我们很少看到真正的、堪称优秀的作家文论。对此，您是怎么看的？

黄子平：印象中诗歌批评一直非常热闹，而且有深度。我甚至觉得诗人们的诗评比他们的诗歌还棒。当然其中有许多意气之争或“宗派”口水，而这正是诗歌批评生气勃勃的表征之一。我读古代文论，《文心雕龙》体大虑周，可是读来闷死人，历史上影响并不大；“愤青”严羽的《沧浪诗话》，以“妙悟”反“学问”，矛头直指当时的诗坛主流，触发历代如冯班等人的“纠谬”，这才是中国古代批评中的大线索。以古例今，为什么诗歌批评比较有生气，而小说等其他受众更广泛的文体，批评却较为沉寂？这就涉及批评家的身份构成了：诗人就是批评家，批评就是诗歌创作的有机组成。他们成立诗社，发表宣言，赞赏同辈的诗作，张扬一己的诗学，攻讦看不顺眼的他者，反而因为受众少而有所成就。我一向认为批评总是“同时代人的批评”，你看茅盾当年写的一系列作家论，正是及时针对当下发言。20 世纪 80 年代我写的第一篇评论，是“早晨文学社”里评小楂的小说《最初的流星》；然后评北岛的《波动》、刘索拉的《你别无选择》。小说家有点单打独斗，没听说他们会成立什么“小说社”，发表“小说宣言”。（韩东、朱文他们原是诗人，写起小说来就比较有“宗派”意味。）小说家的同辈批评家都到哪里去了呢？考研去了，读完了硕读博。即使是“当代文学专业”，导师也不太准许你做还活着的作家的题目。读完了博士出来脑子就基本坏掉了，只能写体大虑周的《文心雕龙》，很闷，写不了生机勃勃的、能刺激创作的《沧浪诗话》。小说家得不到年轻时志同道合的同辈批评家的支持，荷戟彷徨，只好听谁的？一是权威“文学奖”的评委们，二是文学书籍销售排行榜。前者由文化官员与文学博导组成，即你所说的“学院派”。后者，就属于你所说的“文化研究”的范畴了，从前说谁谁谁有“文化”，意思是说他多少是个“精英”，如今呢，唯有“大众文化”才有资格谈“文化”。

访谈人：“‘二十世纪中国文学’三人谈”（以下简称“三人谈”）

把文学从对20世纪下半叶社会历史的附属中解放出来，新的谈论文学的方式“仿佛一道闪电把某些事实、事实之间的联系、评价事实的方式等都照亮了”。您也曾说过，“三人谈”是您最重要的批评收获。而当时其实20世纪还没有结束，谈论“二十世纪中国文学”的“三剑客”还在20世纪之中，在“三人谈”发表后的20世纪中国，其实又发生了很多故事。如今，21世纪都已过去了这么多年，就已经真正成为历史的“二十世纪中国文学”整体而言，您的看法有什么变化吗？可否给我们简单谈谈在您心目中最能代表“二十世纪中国文学”水准的作品和作者有哪些？

黄子平：我记得我们当时区分了“物理时间”和“文学史时间”。为了设立一个谈论“现代中国文学”的坐标、范围和边界，我们可以把“二十世纪”的起讫定为“1895—1989”。这样，你所说的“又发生了很多故事”就可以摆到“新世纪文学”里去讲。当年我们的想法很天真，以为三个人各自有限的专业阅读，融会互补，就可以拼接起来斗胆谈论“二十世纪中国文学”的“整体”。那年日本学者丸山、伊藤等人来北大座谈，我印象很深的就是，他们最大的疑惑是——概括整整一百年的文学史，怎么可能？我体会到实证的、科学的、考据的方法，尤其是我的弱项。讽刺的是，身在时间段的“庐山中”，胆子不小，敢于妄言文学史“整体”的种种。待到出了山，才想起杨万里的诗了：“政入万山围子里，一山放出一山拦。”历史的“总体观”是从卢卡奇那里学来的，他用的不是“科学”、实证的方法，而是辩证方法。实证方法是一种“纯粹的肯定叙事”：某事发生了，实情如此如此，等等；它不能处理陌生的、暧昧的、自相矛盾的现象，同时拒绝对“整体”的想象。其实即使是“不带价值判断”的阐释，也需要某种距离感，某种跳跃的推测，来理解和设定叙述的总体。那么有了“新世纪”的后见之明，是否更有把握来谈论“二十世纪中国文学”的整体了呢？我自己后来的思路比较怀疑“整体”和“总体”，这种怀疑不是从科学、实证的角度，而是从知识－权力构成的角度。无论我们怎样“多元包容”，“整体”和“总体”还是由排斥和压抑来设立的。具体到学术实践，我近年来比较注意那些“讲不进文学史”的文学作品和文学现象，那些“历史的碎片”，譬如“新文艺家的旧体诗”（聂绀弩、启功、杨宪益、邵燕祥等）和大量的传记文学与“亚传记”（回忆录、日记、书信等）。

访谈人：1990 年，您开始在芝加哥大学东亚图书馆交叉阅读海峡两岸的“革命历史小说”和“冷战时期台湾小说”，您发现，两者的“立场虽然相反，情节、人物、修辞却同出一辙”。而在您后来出版的与这次集中阅读有关的《“灰阑”中的叙述》(《革命·历史·小说》内地版）中，您的主要关注点放在了大陆的小说创作上，几乎没有涉及台湾的作品，也很少有两者之间的比较阅读。这样的选择与对作品的判断相关还是源于对读者的预期？您愿意谈谈如此选择的内在原因吗？

黄子平：你知道东亚图书馆的书的摆法很有意思，譬如《论语》吧，它把全世界众多语种译本的《论语》和繁体简体中文的《论语》全部摆在一个书架上。所以当“革命历史小说”和“冷战时期台湾小说”肩并肩亲兄弟一般站在一起，绝对带给我从未经历的视觉震惊。这种效果是我所陌生的分类法带来的。后来我读到福柯引用博尔赫斯的“中国动物分类法”，明白分类法是一切知识体系、思维方式和意识形态的基础。1993 年我参加了台北的一个叫“四十年来中国文学”的学术研讨会，我跟王德威被安排在同一个环节发表论文，他谈“冷战时期台湾小说”，我谈“革命历史小说”，巧得很。王德威后来被资深小说家攻得很厉害，说“夏虫焉能语冰”，他写了回应的文章，题目好像就叫《一只语冰的夏虫》。我想德威的文章已经写得很好了，我连做“夏虫”的资格都没有啊。很多年以后，我读到王愿坚（《党费》的作者）跟姜贵（《重阳》的作者）竟然是亲堂兄弟，发现你说的“比较研究”还真值得继续做。

访谈人：1993 年在香港出版的《再解读：大众文艺与意识形态》（以下简称《再解读》），对日后的学院批评影响巨大，当然也不免带来诸多问题。对此编者唐小兵曾经回忆道：“《再解读》当时一个很清晰的宗旨就是文本解读，走进文本，再从文本里走出来，这和同时代的一些流行的文学批评方法是有一定距离的。现在看来，走进文本是很有意义的，而且带来很多启发，但再走出来却不那么容易，恰恰是因为文本和语境、文本和历史的关系，并非完全是作家或批评家所能预定、把握和说明的。”作为《再解读》的重要作者，以及相关的新的研究方法的重要实践者，您对此是怎么看的？

黄子平：我想 20 世纪 80 年代的方法学源自韦勒克的《文学理

论》，把文学批评分为“内部研究”和“外部研究”，这是西方认识论里主体／客体二元划分的延续，这样才会有对文本的“走进”和“走出”的说法。我自己对“文本解读”的理解是从罗兰·巴特那里学来的，是把社会、历史等对象不再看成我们有待努力去认识的现实、存在或实体，而是跟文学作品一样也是我们破译或诠释的众多“文本”。社会、历史、现实作为“文本”，它们的语法、语义和语篇的“组织生成”，跟文学文本一视同仁地成为破译的对象。这就不存在“走出”的问题了，只有文本与文本之间的关系了，“文本之外无物”了。这种方法在“策略上的优势”，可以化解“主客二分”带来的诸多解释学难题，使得各种“决定论”变成虚假的问题，而批评家自己作为“读者”的位置，以及他的破译行为本身，成为关注的焦点。同时过往被压抑的那部分“真实”，即众多“文本”的呈现方式（“形式”）的进化，得以被揭示出来。我在 1989 年的时候尝试用这种方法解读王安忆的《小鲍庄》（《语言洪水中的坝与碑》），想办法讨论小说中多种“语码”的多声部交织，不太成功，不过自己觉得是一次有意思的尝试。

访谈人：《再解读》中收入了您的一篇《病的隐喻与文学生产——丁玲的〈在医院中〉及其他》，这篇文章后来收入您的《革命·历史·小说》一书。我记得您曾经在某次访谈中提到过这篇文章，您说：“这篇文章做得比较粗糙，只是把几条线拉出来了，其实很多细的东西，可以更进一步去做的都没有来得及做。”然而，就我的阅读体验而言，这种拉几条线的方式，这种提纲挈领的方式，对您而言，似乎不是一种缺陷，相反，它或多或少成为您文学批评的一个特色？

黄子平：当年我待在伊利诺伊大学厄巴纳－香槟分校，那里的东亚系很弱，图书馆里的中文藏书也可怜。互联网刚刚发明（香槟分校正是浏览器 Netscape 的创生地），远未普及，我跟北岛、唐小兵联络还是用传真机。总之写这篇论文在资源方面受到很大的限制，不像现在依靠网上图书馆你可以寻得任何资料，连《四库全书》也不过几片光盘而已。回想西南联大的学者也是在非常艰难的环境里写作，不得不佩服他们自小打下的“文史记忆”基础之顽强。资源不足，文章写得很粗。拉几条线的方式，好处是话都没有“说满”，留下了很多空白，很多讨论空间。《在医院中》涉及的许多课题，如“社会卫生学”“生物学话语”“整风必然变成抢救”等，后来的研究者都有很多的进展，看了令人高兴。缺陷嘛，你说反而是“特色”？那就只好说自家有病自家知，如鱼饮水，冷暖自知了。

访谈人：您曾经说过，您是最不尊重经典、不崇拜经典，也不把经典当回事的人，您关心的是它怎样成为经典。然而，事实上存在两种经典，一种是时间中自然形成的共时性的经典，一种是某个时间段意识形态制造的经典，这两种经典的经典化，是不一样的。和西方诸多解构经典的学者不同，《再解读》以及您的《革命·历史·小说》解构的，其实只是后一种经典，作为一个当代文学的研究者，似乎能够面对的，只能是后一种经典。这似乎是很无奈的事情。您也曾引述本雅明笔下的“历史天使”，它面对着过去，被进步的风暴吹向未来。那么，我的问题是，您觉得在中国目前的情况下，一个合格的文学批评家，他能够和应当面对的过去，究竟有多大？

黄子平：“经典”对我来说是个动词（即“经典化”）而不是个名词。经典化的过程把意识形态、教育体制、印刷市场全部卷了进来，非常复杂。其实并非只是当代这样，你想想赵家璧主编的“良友版”《中国新文学大系》，胡适、鲁迅、周作人、阿英，这些于公于私都早已分道扬镳的五四文化人，为何能集合起来做这项出版业的大项目？正是要把“新文学十年”经典化，“导言集”奠定了后世对五四文学史叙述的基础。更远的例子，《四库全书》，想想鲁迅对“馆臣”的批判就行了。当代文学的研究者面对的“经典”，正如你说的，时间的“自然”支撑很弱，靠的是政治权威的支撑。在我的前半生，就目睹了两次“经典”的轰然坍塌。一次是郭沫若、周扬主编的《红旗歌谣》（贺敬之当年撰文说：“使‘风’‘骚’失色，‘建安’低头，‘盛唐’诸公不能望其项背，‘五四’光辉不能媲美。”），一次是“革命样板戏”（“无产阶级革命文艺的顶峰”）。这给研究经典化过程提供了近距离考察的便利。正是本雅明在他的《历史哲学论纲》里写道：任何一部记录文明的史册也同时是记录野蛮的史册。这就是“经典”的双刃剑效果。当代批评家，还是要担当本雅明意义上的“拾荒者”（捡垃圾的人），在历史的废墟上拾掇碎片，尽管野蛮的“进步”之风吹得他踉踉跄跄。可是，还是本雅明说的，批评的时代早就过去了，如今广告的光影才是真正的批评。

访谈人：您在香港主持了十年的周末“理论经典读书会”，标志着您对理论的热情和熟悉。但除了一本薄薄的《文学的意思》（那还是在主持读书会之前的作品），您绝少专门写作讨论理论的文字，甚至在您的文章中也很少引用某种文学理论来结构自己的文章或证明自己的观点。您的文章中偶尔会提到福柯、本雅明、萨义德，包括这些作者的著作在内的理论书籍的阅读对您的文学批评产生了怎样的影响？很少引用某些理论是否是您的一种自觉选择？其中包含了您对当代文学批评写作怎样的思考？

黄子平：我害怕理论，同时又被理论吸引。这是卡勒说的：理论引起无穷的焦虑。你读完了福柯？还有许多卷法兰西学院的讲课记录正在整理出版。而且福柯说，德勒兹才是哲学的传人。后起之秀鲍德里亚说了：“忘掉福柯吧！”福柯反唇相讥：“要记住鲍某人也不容易。”这两位你也得读。拉康，还有拉康的传人、怪杰齐泽克，你居然没听说过？全是“法国佬”，欧洲的白人知识分子？这不对。你得读萨义德、霍米·巴巴。全是男人？更不对了。汉娜·阿伦特、克里斯蒂娃、斯皮瓦克，这都得读。还有完没完啦！这种焦虑证明了两点：第一，理论是互相解构的，谁都想去抽他人釜底之薪来煮自家的理论之汤；第二，理论变成了时尚，日新月异，层出不穷。坚持了十年的周末读书会，正是为了缓解我和年轻的朋友们的理论焦虑。十年了，读得还真不少（以上提及的几位全读了）。读得多了，你就明白，理论只是思考问题的诸多方式之一。而且，理论是有时启发、有时误导你思考问题的方式之一。这就是为什么要读得多，长时间坚持读，各家各派都要读，才不会“死于句下”，被它们误导。这也是我们应对时尚的态度。具体到文学批评的写作，我不会用理论来鸣锣开道，理论是你的“后勤支援”，而不是开路尖兵。

访谈人：相对来说，20世纪80年代您有较多的宏观研究，20世纪90年代更倾向于文本细读，进入21世纪之后，现代文学中物质文化引起了您较大的关注，您的研究对象越来越具体，对细节的关注也越来越细致。这样的变化是自觉的选择还是无意的巧合，跟您对文学的认识有怎样的关系？

黄子平：除了卢卡奇的总体观，我在20世纪80年代的“宏观研究”主要是受了钱理群、陈平原他们两位的影响。老钱关注的是思想史方面，“亚洲的觉醒”奠定了“二十世纪中国文学”的世界史视野。平原君特别关注文体史的连续与断裂，他的博士论文讨论的正是“中国小说叙述模式的转变”。我一向不善于从宏观上想象“整体”，在芝麻与西瓜之间的选择常常觉得芝麻很小很香浓。20世纪90年代我失去了对他们宏观视野的依傍，单打独斗，只好回归我自己的文本细读。“文本性”这个概念带给我一种策略，就是把个别“乐句”或“音符碎片”视为通向想象的“历史总谱”的通道。罗兰·巴特区分了“可读的文本”和“可写的文本”，所谓“可写的文本”，按詹明信的解释，就是指某些句子，其形式唤起了对之模仿的欲望，使你也想据之写出自己的句子。强调这些句子的“丰富表情”和“多样姿态”，也是使它“经典化”的途径。世上本无所谓经典，引用的人多了，也就成了经典。经典者，“可写的文本”是也。发现文学作品中可堪经典化的片段（即你所说的“细节”），乃是批评的一大乐趣。譬如鲁迅的“月光”、张爱玲的“脏”，都是极好的例子。至于“现代文学与物质文化”这个课题，天工开物，在我并未真正展开，还是停留在胡乱吆喝的阶段，惭愧。在马克思开辟的对现代社会的批判中，“物化”是一个非常重要的概念，发展这个概念来考察中国现代文学，应该有点意思吧。

访谈人：您的文学批评非常关心叙述本身的问题，即所谓叙述是如何被建构和被生产出来。我觉得您在这方面的批评实践对学院批评家影响巨大，因为您为他们提供了一整套行之有效的方法论和操作样板，同时又在每个环节留有很大的拓展余地。然而，对于新一代学院批评者来讲，被建构和被生产的，不再只是他们的评论对象，还包括他们的评论本身。对于这样一个当代文学研究工业流水线的普遍存在，您是如何看的？

黄子平：我研究生毕业被安排到北大出版社当文史编辑，参与校对的第一本书就是布斯的《小说修辞学》中译本，他指出采用“第一人称”或“第三人称”产生的修辞效果，叙述者具有“伦理责任”。这本书使我对叙事学产生了浓厚的兴趣，我读了所有能找到的论著，除了某些太烦琐的分析，大部分都读进去了。但如何在具体的批评中运用叙事学，还是很有挑战性，并没有什么现成的三板斧让你一路劈过去搞定。“行之有效的方法论和操作样板”？我很怀疑。我自己都不知道下一篇文章该如何开头哩。我上课，很自觉地严禁把自己的著作列为参考书目。学生写论文、交作业，第一堂课就被警告了：一旦出现类似“正如黄子平老师指出”这样的句子，立即红笔删除并且扣分，因为黄子平“指出”过些什么我已经知道了。有些教授，喜欢把自己的书列为“必读”，考试出题以该书章节范围为准，框死了学生的思维方式，我想这里边是有“伦理责任”的。不过我猜你的大概意思，是要质疑当下“当代文学研究工业流水线”的生产方式。好吧，我只想说，我对流水线上的生产者深表“同情的了解”，因为我自己也在这“不发表，就被炒”的体制中挣扎求存多年。大家都不容易。当然你很难期待它生产出生气淋漓的《沧浪诗话》，多半只能生产体大虑周的雕龙或雕虫。

访谈人：哈罗德·布鲁姆对学院中文化研究代替文学研究的趋势深为反感，称其为“憎恨学派”。针对当代中国文学，除了文化研究替代文学研究的趋势，似乎还有一种文学史研究替代文学研究的趋势，而这两种趋势背后共同的特征，是学科建设的激情代替了审美判断和道德判断的激情。就您的经验而言，未来有可能出现一种和20世纪80年代不同的、非政治化和非历史化的、纯粹的审美批评或者说道德批评吗？

黄子平：由于传统的原因，我读本科时的北京大学中文系，“文学史”的课程比重是最大的。古代文学史（从先秦到明清）两学年，现代当代文学史各一学年，都是每周四节课。还有俄国文学史、欧洲文学史、东方文学史，全是必修课。古代文学批评史，必修。从北大中文系毕业的人，往好的方面说，是文史知识基础扎实。往坏的方面说，因为课程涵盖的作品太多，连“作品选”都根本读不过来；为了对付考试，你集中精力只读了最糟的“作品”：那一本一本的文学史教材。我相信北大的教材是编得最好的，但是不读作品光背教材，就是你说的，用“学科建设的激情”代替了审美判断的激情。我赞成一种相当激进的说法，克罗齐“一切历史都是当代史”在文学领域的激进版，说“文学史”并不存在，只存在文学批评：“文学史”无非是古代作品的当代阅读—— 一切都是当代文学批评。这是解构主义文论的基本观点：作品是在阅读的瞬间才“生成”，在此之前只不过是些白纸和黑字。这是令做当代文学研究的朋友们兴奋不已的理论，不过隔壁古代文学教研室的同人恨不得过来把你“掐死”。

访谈人：您曾经连续数年编选“年度中国小说”，和当代小说一年到头结结实实地活在一起，如今，这样的编选工作虽已停止，对于小说的阅读恐怕还在继续。近年来您最有印象的当代中国小说作品和作者都有哪些，可否和我们分享一下？

黄子平：编小说年选不容易，但读小说永远是一种享受。以前我天天读小说，尤其是新出的小说，在图书馆期刊部坐一整天，享受小说。所以你问我最近有什么好小说，我能说出个子丑寅卯。如今角色颠倒过来了，轮到我一有机会就问人“最近有什么好小说”了。结果老朋友们都很自豪地回答我：“我早就不读什么小说了！”王安忆是不多的仍然大量阅读新出的小说、关心小说新秀的作家，我每次有机会问她，她总能说出个子丑寅卯，我就特感激，回去找来享受。虽然“文学的时代”已然远去，中国的小说生产量还是世界第一，产能过剩。享受精品，必须仰仗批评家的鉴别、同行的赞许和读者的口碑。而“选刊”们的眼光又一向不敢恭维，对做当代文学批评的人，必须付出的代价就是读很多不值得享受的作品。人生苦短，你读这本书花掉的时间就不能用来读另一本书。有一年我来上海，一位复旦毕业不久的记者问我“对当代作家有什么期待”，我想都这年头了，谁还敢对作家有什么期待，心里一急，顺嘴说了一句：“我希望他们写少一点，因为我读不过来。”你知道新闻的做法，记者把后半句掐掉了，拿前半句去电话采访上海诸作家：“黄子平说希望作家写少一点，你怎么看？”王安忆、陈村都说作家爱写多少就写多少，您管得着吗？后来我听安忆说，年轻的文艺版记者，上个版面不容易，逮住你这半句话，他这个月的工作量有着落了。王安忆有她同情的理解，慈悲心肠。

访谈人：您早年写诗歌，读研究生时谢冕老师开列的两百本必读书单中也大部分是现当代的诗集，后来您写诗歌评论，从公刘到黄灿然，都有过深入的分析和阐发，前阵子您也提到正在阅读台湾诗人的诗集，如痖弦、商禽、洛夫、夏宇、陈黎等。但是，相对于小说评论，您的诗歌评论并不多。这是否包含着您对当代汉语诗歌的某种判断？您是否愿意对海峡两岸暨香港的现代汉语诗歌的现状作一点比较？

黄子平：好几次碰到北岛，他都会谴责我，说我是“诗歌评论的逃兵”，我都点点头不吭声。我曾经把诗歌比作城市里的公园绿地，文学呼吸的“肺”。每次读理论读小说读得不那么享受了，就到诗歌里喘口气。读小说，你必须一点一点把作家虚构的“世界”慢慢地建立起来，才能明白这些人物在里头走来走去，说话，打架，求爱，到底在干些什么。如果不是一气呵成地读，第二天你必须重新建立这个“世界”。其实小说家写作的时候就已经天天重复这个程序，每天必得把头一天写的读一遍，然后才接着往下写，维持这个“世界”的相对的连续性。读小说的“累”就在于需要不断重建，不断签订为“假定性”背书的阅读契约，当然乐趣也在于此。读诗歌不一样，你漫不经心，随便挑一首开始读，随便挑一句开始读，突然有一句“砰”一下“击中”了你，你才回过头来把整首诗读一遍，想弄明白这一句的“打击力量”从何而来。所以每次读到一句这样击中你的诗，就很开心，咂摸半天，像吸到新鲜氧气一样。这时候你还要写诗歌评论，多累，多煞风景呀。我忘记了谁说的，诗歌只能引用，不能分析。太对了。我上课讲当代文学，诗歌部分，基本就是朗诵，最多点评一下，说说这句的“打击力量”何在。当年俞平伯讲诗词，写板书，吟诵，闭着眼睛享受，完了睁眼说：“好！真好！”然后擦了黑板写下一首。我觉得这是诗歌教育的正道。你让我举一个曾经击中我的例子？痖弦、商禽、洛夫、夏宇、陈黎他们就免了，好吧，这是小学语文课本里的：“秋天来了，天气凉了。一群大雁往南飞，一会儿排成个‘一’字，一会儿排成个‘人’字。”好，真好！

访谈人：您曾参与香港中学语文教育的某些事务，我还看到您接受过某中学刊物的采访，并困惑于大学文学教育的趋势与前景，感叹高等教育“麦当劳化”的历史潮流。您对这样的窘境有怎样的建议，一个从事文学评论写作的人在这样的困境中又能做些什么？

黄子平：我的很多学生毕业以后都在香港各中学教书，他们不定期回来跟我相聚，谈起中学教育的种种，实在令人担忧。我自己在高校任教二十多年了，也或长或短访问过别的高校，总体来说，高等教育的现状与前景也不容乐观。“麦当劳化”倒也罢了，如今直接就是腐败和堕落。香港的一位朋友甚至提出了“如何在大学的废墟上教与学”的严肃问题。单是“从事文学评论写作的人”，倒是不必为此操心。作为从事“文学教育”的人，就兹事体大。可是又能做些什么？我想起佛经里的故事，说一只小鸟用翅膀沾了水去参加扑救山火，人问干吗呢你，它说，我在此山住过，不忍心。

访谈人：在您的文学批评中，鲁迅很明显地占据了一个最重要的位置，但您的批评路数跟现在的大部分鲁迅批评并不相同。您也在文章中谈到自己少年时代对鲁迅的阅读。您是否愿意更具体地谈谈鲁迅对您的影响和他对现在的文学和文学批评的意义？

黄子平：少时读鲁迅，《呐喊》《彷徨》不容易读懂，深深吸引我的是他的旧体诗，“惯于长夜过春时”“城头变幻大王旗”“花开花落两由之”。我也说不明白，与诗境合拍的少年心境竟会如此沉郁悲凉，大约跟父辈、同辈当年的艰困处境有关。后来我发现鲁迅的文体对我影响极大，尤其是文言虚词的运用。最初只是直觉“倘若”啦“然而”啦，比“如果”“但是”多点蕴含，遒劲凝重。多年以后我读到鲁迅研究的文章，说这种句式联系着鲁迅的“多疑”

或“多重否定”的思维方式。重重叠叠的条件句和转折语，是复杂思维最好的呈现。“他结巴了”——我想借用德勒兹一篇短文的标题来概括鲁迅的文体特征。旧的语言系统坍塌了，新的语言系统还没建立起来，任何一个词都发生了倾斜和震颤。鲁迅是极少数能从文体上（即语言的根底上）感应这一历史大变局的现代作家。鲁迅对我的意义就在于，生活在一个人人把陈词滥调说得越来越顺溜的年代，如何习得一种“结结巴巴”的言语？

访谈人：在“三人谈”中，您引用过一些马克思的言论。除了鲁迅和马克思，我们很少看到您写作文学批评之前的阅读经历。在这两位之外，还有哪些作者和哪些书构成了您的“阅读前史”，又对您的写作造成了怎样的影响？

黄子平：这会是一个极为庞杂的乱糟糟的书单了。少年时我参加老家粤东小镇的数学比赛，拿过初中级别的全县季军。自以为有点数学天分，除了做题无数，还读了一系列的数学家写的小册子，华罗庚的《统筹方法》什么的。放学回家总要绕到一家新华书店去，现代文学的一些名著，《雷雨》《家》都是在那里站着看完的。书店的老职员古先生看我天天“打书钉”，悄悄塞给我一张小板凳，我是所有顾客里享有这特权的唯一者。别人以为我是古先生的亲戚，我就恬然坐在小板凳上读完一本本现代文学名著。“文革”时我看见古先生挂着“反动资本家”的黑牌，情形滑稽而又悲伤，我不敢去见他。我父亲的藏书被“抄家”之后就只剩下毛选和《鲁迅全集》可读了。20 世纪 70 年代中后期，最高者说要“读点马列”，我读的马列可不止一点，收获是，你再也不能用经典作家语录糊弄我了，而且有点明白，为什么马克思说他不是个“马克思主义者”。还有“批林批孔”、评《水浒》、评《红楼梦》，这些政治运动的益处是你可以合法地读一大堆文史古籍。总之我的“阅读前史”是缺乏指引的杂学旁搜。那年头饥不择食，逮什么读什么。讲算命的手抄本《子平真诠》，蝇头小字密密麻麻，我也读得津津有味，光是想知道这位宋代的同名者到底说了些什么。鲁迅把他的读书方法归结为四个字：随便翻翻。深得我心。回顾这“阅读前史”，第一，我很庆幸在那“玉宇澄清万里埃”的年代，还能接触到些许“污泥浊水”，使思想保持了“不纯净”的正常状态；第二，我初步了解了人类思想的多元复杂性，在每一种“圣明”的学说旁边，总有一些“不严肃”的叙述跟它平行，在那里伸舌头做鬼脸，污染“圣明”。对我最直接的教益就是：那个时代一直鼓励的纯洁了自己又去纯洁别人的冲动消失了。这一切汇集到后来的批评实践会有什么影响？我想乱看书的坏处是缺乏扎实的系统训练，好处是不拘泥于一家一派，偶尔还能来点野路子；至少给自己来点意想不到的惊喜。

访谈人：您的写作一向注重可读性，在您2005年出版的《害怕写作》一书的后记里，您提到，“最喜欢读的一向是那些讲理论的故事书和讲故事的理论书”，能和我们分享一下这些有趣的故事书和理论书吗？

黄子平：就在《害怕写作》那本书里，我回忆到高小毕业那年的暑假，到梅南林场去探访父亲。在那里“劳动改造”的文化界教育界的“老右”们出工的时候，我就去大通铺翻他们的枕边书来看。其中就有孟德斯鸠的《波斯人信札》（罗大冈译）和伏尔泰的《老实人》（傅雷译），看得我稀里糊涂的，只觉得比一般的小说有意思。后来就喜欢上了这些“讲故事的理论书”和“讲理论的故事书”。最喜欢的是卡夫卡，他的短篇小说，一些小故事，譬如中国皇帝的信使的故事、门的故事，百读不厌。拉康、德里达，借爱伦·坡的《失窃的信》这个故事，讲出一套又一套的理论来，读来真是过瘾。《维特根斯坦的拨火棍》，哲学家吵架的故事，也好玩。至于解构“解构主义者”，伯格的《一个后现代主义者的谋杀》，或日本人的《文学部唯野教授》就未免有点等而下之，还不如读同胞赵一凡，用“华山论剑”说书体讲《西方文论》，上下两大卷，精彩绝伦。

访谈人：您的“三十年集”名为《远去的文学时代》，您在小序中说：“文学所蕴含的反抗实存的力（摩罗诗力），它所追求的语言乌托邦（恶之花），在某一历史瞬间倏然幻灭。”在这样一个时代，文学创作和文学批评除了成为无数消费品中较为不重要的一类和必须填写的表格中的一项，还存在着怎样的可能？或者，两者在这样一个时代会出现什么不同于以往的特征？

黄子平：文学时代的远去，新兴媒体的替代是根本原因。有一次在芝加哥遇见舞蹈家兰兰，她说，你那些文学系里的年轻同行怎么回事？全都教起了电影电视，捎带着讲点文学。我说学院里一般规定，选修人数少于十人（以前是六人）的课不开；开不成课，非被炒鱿鱼不可。如今一代“新新人类”，图像思维优于文字思维，一看见必读书目，哇，那么多字，先就退修了。文学系的副教授们只好讲开了电影、动漫，不忘本的，讲点文学改编。大势所趋，很多大学里各语种的文学系都正在被学校以“经费压缩”的借口裁撤中。在这样一个时代，文学创作和文学批评，还存在着怎样的可能？这就需要重复那句陈腔滥调了：“文学死了，文学万岁！”就是J.H.米勒说的，只要语言存在，以词语来创造一个虚拟世界的方式就不会衰亡。文学作为一种重要的想象方式，是在印刷文化主导的历史时期中发展起来的。经由文学写作和文学阅读，我们想象世界并“重新进入世界”。在香港城市大学的一次会议中，台湾作家张大春提醒我注意文字对影像的顽强抵抗，他说电影剧本是用文字写的，电影评论还是用文字写的，互联网上，文字的量仍然远超影像。我想补充说，从小学到大学，文字运用的训练仍然是主要的课程；最要紧的，大部分考试，都还是“笔试”（连体育课也有笔试！）。我最近稍微接触了一下中国的网络小说，蔚为大观，甚至对网络小说的“学院派批评”也正在北大中文系发轫。希望犹存，且让我们耐心观察，文学的创作和批评，还将如何在这样一个时代“万岁”着。

（原载《书城》2012年11月号）

文学批评和文学史

访谈人：胡红英[①]

胡红英：黄老师好，很高兴有这个跟您访谈的机会。通常我们把中国当代文学的起点定在1949年，从某种意义上说，您是当代文学的“同龄人”。所以在讲当代文学的时候，您的亲身经历会不由自主地渗透进来。我记得黄老师在中国人民大学的课堂讲“知青文学”，解释什么叫作“来一个动员”，说到您去海南岛做农场工人之前，为了动员您下乡，居委会组织了小学生每天在您家门口唱语录歌。文学作品无数次描述过的历史生活，或者“无可选择的选择”这样的哲学命题，在您个人化的叙述中，好像又有了新鲜的内容，我听了一直很感兴趣。而您在农场的经历，譬如一帮农友穿过橡胶林漏夜去看《智取威虎山》电影，就直接写进了您研究“革命

① 胡红英，深圳大学中文系讲师。

历史小说”的学术论文之中。因此，首先我想问一下黄老师，您去海南岛以前，都是在广东梅州度过的，不知您青少年时期在梅州的生活是怎样的？梅州知青的际遇与我们在文学作品中看到的，比如王安忆小说中上海知青下乡前后的故事，有什么相通或不太一样的地方？

黄子平：我想一个人的生命历程，和他的学术实践之间的关联，其实很难说得清楚。

青少年时期的梅州，我记得是以“华侨之乡、足球之乡和文化之乡”相标榜的。但我对这几个“之乡”的体认都不太一样。“华侨之乡”不言而喻，那些能收到国外汇款的人，可以兑换“侨汇券”，在“华侨商店”买到一般国营商店根本看不见的货品。每次放学我会到新华书店去站着看一会儿书（香港叫“打书钉”），都要经过华侨商店门口，那一串串香肠、鱿鱼干，就诱人地挂在那里，提醒你注意到在贫困和匮乏之外，还有别样的生存和生活。“文革”中我读到一本书，《苏联是社会主义国家吗》，是揭露“苏修”的，收集了好些政治笑话，其中说有一个工程师在电视上介绍他的新发明，形容它的形状就像一截香肠，“如果你们还记得香肠是什么样子的话”，结果录完节目就进了监狱。我心想，幸亏我们有华侨商店，真还记得香肠是什么样子哩。

“足球之乡”就亲切多了，民国时就踢出了名堂。我的几个初中同学所在的少年足球队打进全国决赛，拿了冠军还是亚军，轰动一时。不过我一点体育细胞都没有，课后同学们踢球，我的主要任务就是看管书包和衣服。后来爆出“丑闻”说是少年队好几位主力超龄，年龄造假。这使我第一次对官方宣传产生“不可尽信”的怀疑。

“文化之乡”就非常模糊了，当年标榜的名人是武人（乡人言必称叶剑英元帅和肖向荣中将），文化名人一概不知。很多年以后，我才知道林风眠这样的国际大师的祖籍和我是同一个乡镇。黄遵宪的后人和张资平的侄子，都是我的同学，一起住在中学的科学馆编了一年的油印小报，我对这些前辈竟然一无所知，他们也绝不提起。丘逢甲、李金发这些名字，也是多年以后读大学的时候才知晓。我说这些，是想说明在我的青少年时代，“文化”的呈现是经过了相当严厉的过滤机制的。但将这几个“之乡”粗浅地拼贴一番，也还能大致看出我生长的那个地域文化的某些轮廓吧。梅州文化的底蕴，可能就体现在乡镇左邻右舍的日常闲谈之中，每每引经据典，出口成章。回想起来，我的中学语文老师、历史老师都是饱学之士，吟诗作对，常在大小报刊发表文章。虽然我是个“理工男”，对数理化更感兴趣，但是作文写得好，文史老师总觉得我读数理化天天做题有负文化之乡的滋养似的。

这就说到“上山下乡”，我去了海南岛的农场种橡胶，那时候是叫“广州军区生产建设兵团”。对“知识青年”这个概念很有必要做具体分析。回乡的知青、下乡的知青和到兵团的知青，差异非常大。1969 年成立兵团的时候，为了凑够人数，除了广州、湛江、汕头等大一点的城市是中学毕业生，各地小县城很多没读过什么书的待业青年，也一概“动员”进来了。所以，“梅州知青”作为一个想象的群体，到底有何特点，真是不好说。“知青文学”是注意到了知青中的阶层分化和利益冲突的，但文学批评却视而不见，一厢情愿地帮着制造"青春无悔""苦难辉煌"的神话或鬼话。我是从来不参加"下乡若干周年纪念"一类活动的。有一年，梅州知青很隆重地搞了一个周年纪念活动，据参加的农友告诉我，主席台上就座的都是回城以后当了官的。台下坐着的发了财的老板们很生气，都说到了这个场合大家唯一的身份就是"农友"嘛，农友人人平等。他们决定再开一次，到了会场一看，这回主席台上就座的全是大老板了。

讲当代文学，讲讲自己的亲身经历，在课堂教学，可以拉近学生与课题的距离，我觉得效果是很好的，但是直接写进学术论文，显然有违"理性、客观、中立"的学术原则。这在我倒是有意为之。个人的人生经验，给当代文学的研究者带来的利弊，洪子诚老师思考得很多也很深。我认为，在尊重事实的基础上，既然每一个研究者都有自己的理论预设、情感偏向和价值立场，亮明自己的"偏见"就是一种诚实的态度。这当代文学，跟你一起生一起长，你却要与之剥离，相见不相识，很假嘛。这同时也是一种尝试，想打破一本正经的学术论文和随意闲谈的"知性散文"之间的界限。我写《七十年代日常语言学》，明明是一篇回忆随笔，偏要起一个很学术的题目，也是这个意思。

胡红英：查建英在《黄子平印象》中说，您在知青期间写过诗，而且还小有名气。您自己在访谈中也谈过，您和陈平原教授的联系，最初由海南时期的好朋友促成。黄老师知青阶段的文学生活似乎挺丰富的。您能否谈谈您当时的阅读、写作和文学方面的交游？吴亮在《我的罗陀斯——上海七十年代》中说，他在20世纪70年代读书不是为求知的饥渴，而是为逃避的饥渴。您当时的阅读和写作是否也伴随这样苦闷的心境？您到北大之后为何没有再坚持诗歌写作呢？

黄子平：广州兵团（和黑龙江兵团、云南兵团，以及最早的新疆兵团一样）出了不少文学人才。小说家有孔捷生、苏炜、伊始等人，诗人也有好几位。分散下到农村的知青，通常要到了县城文化馆，才会有写作、演奏、表演等一展才艺的机会。像王安忆就是到了县文工团去拉大提琴。而兵团一个农场就相当于一个县的规模，人才济济。成立文艺宣传队，随时可以集合起十二个小提琴手。我隔壁的一个农场，湖南某艺校的整个班下乡到了他们那里，师部宣传队从编、唱、演到舞美，半壁江山都是他们的人。我呢，据说组织上有断语，“此人可用，但不可重用”，直到20世纪70年代后半叶，有门路的知青回城，走得七零八落了，我才被借用到场部、农垦分局写材料，写报道，写歌词、相声、快板书，也写点所谓诗歌。不像北岛他们，可以读到洛尔迦和戴望舒，我的诗歌资源贫乏至极，除了贺敬之，没读过什么“大”的诗人。当年比较喜欢的诗人是李瑛，写的诗有点模仿他，后来才知道他是北大20世纪40年代末的学长了。老钱钱理群带的博士，有一位是做“文革”诗歌研究的，收集资料很齐全，把我70年代写的那几首歪诗也找着了，惨不忍睹，当然更烂的诗他没找着。20世纪80年代朦胧诗一出来，我就明白，我根本不是玩儿这个的料。

写作的可能性来自阅读的视野，我真是报不出什么像样的书单。

我带到海南岛的书有一本《牛牤》，爱尔兰作家艾捷尔·伏尼契的作品，就是刘心武《班主任》里被好学生谢慧敏视为“黄色书”的那本。我用它交换了一些书来看，罗曼·罗兰的《约翰·克利斯朵夫》什么的：“江声浩荡，自屋后升起”，——傅雷的名译。后来受工伤（伐木，大树砸到腿了），用《牛牤》跟一个梅州来的农友换了一瓶跌打药酒，救命要紧。读书比较多的是借调到农垦分局宣传科和广东人民出版社文艺室的时期，读了范文澜的《中国通史》，侯外庐的《中国思想通史》，还有《第三帝国兴亡史》，一大批供批判的苏联当代小说：《多雪的冬天》《你到底要什么》等。我最近读完了瓦西里·格罗斯曼的《生活与命运》，六百多页的大部头，有人称之为20世纪的《战争与和平》是有点过誉了，但那种“社会主义现实主义”的气息扑面而来，非常熟悉，就是当年读《多雪的冬天》《州委书记》累积的体验。追根溯源，我是到了北大才日日夜夜补读托尔斯泰、陀思妥耶夫斯基、契诃夫和屠格涅夫。一位研究俄国文学的学者告诉我，三大主题，也是三本书的书名：在俄罗斯谁能过得快乐而自由？（没有人。）谁之罪？（不知道。）怎么办？（你说呢。）我觉得这些时代主题也延续到了中国的现当代文学，但都没有俄国经典作家挖得深，尤其是“谁之罪”的问题，涉及忏悔和救赎，有深刻的宗教背景，中国作家追问不到这一层。

回想起来，70年代的阅读，除了求知、解闷，隐隐约约的，“文革”的结束，带出来的对一系列时代主题的求索，也一直伴随着书本的传递、交流和“无限交谈”吧。

胡红英：您近年常在各种场合谈论文学批评与“同时代人”的关系：2012 年接受上海批评家的访谈，在人大担任客座教授期间给学生上课，2015 年接受《深圳商报》的访谈，今年（2016 年）5 月份在暨南大学开会、8 月份在上海思南公馆讨论吴亮的《朝霞》，您都“鼓吹”了“批评总是同时代人的批评”这一看法。据我了解，您最早在 1983 年写《当代文学中的宏观研究》已经提到“同时代人”，1985 年引起轰动的“‘二十世纪中国文学’三人谈”中您也使用了这个说法。不知“同时代人”这个说法，有没有具体的出处，或者它原本是您创造的一个命名？您最初使用“同时代人”，是基于怎样的历史语境和个人的文学批评追求？您在暨南大学的发言中，对“同时代人”做了比较深入的探讨，我发现您在阐释“同时代人”的时候，偶尔会用“当代人”去取代它，“同时代人”是否就是指“当代人”？

黄子平：对我来说，“同时代人”这个概念最初应该来自俄罗斯的“别车杜”（别林斯基、车尔尼雪夫斯基、杜勃罗留波夫）。老温，温儒敏老师提到过，如今考现当代文学研究生，出“别车杜”这题，答得上来的同学极少。我们那时候除了《马克思 恩格斯 列宁 斯大林论文艺》，“别车杜”是不多的可读到的文论了。历史上，某些时代，天才人物一个两个孤零零地出现，荷戟彷徨；某些时代，天才人物雨后春笋似的，成批冒出来，像欧洲文艺复兴时代、19 世纪的俄罗斯、拉美的“文学爆炸”时期。这时候讨论任何一个大作家都得扯上他的“同时代人”。你现在还能不断读到像《同时代人回忆契诃夫》《同时代人回忆陀思妥耶夫斯基》这样的大部头著作。我对这个概念感兴趣，多少是它在“时空”上的两重性：既是“介入”的又是“超越”的。先说“超越”，按我们当时的叙述框架，鲁迅和周作人是不能相提并论的，即使是哥俩亲兄弟也不行，他们分属先进和反动不同的阵营；而“同时代人”就超越了这一限定，提供了一个超越的视野。鲁迅和他的同时代人，不可能不谈周作人。“介入”呢，对批评家，或当代文学史的研究者而言，他跟作家、作品站在同一个时间点上，分享“对未来的无知”，不像古代文学的学者，可以依赖所谓“后见之明”。这是一种冒险，也是一种承担。当然这个概念还折射了那个年代的自我意识，总觉得此时此刻，我不是“一个人站在这里”，也不是“一个人在这里倒下”。20 世纪 80 年代的历史语境下，“同时代人”构成了某种集体无意识。顾城写过只有两句的《一代人》，舒婷写过《献给我的同代人》，没人觉得这种大言不惭的表述有多么愚妄。

时过境迁，80 年代之后，这个概念对我来说就有点儿变味了。还是哪次专访里提到过，有一年在上海，被一位“70 后”作家问到，为什么不写当代作品的评论了。他所谓的“当代作品”，即“70 后”“80 后”的作品。我沉思良久，回想自己 20 世纪 90 年代以后，确实主要的精力都去研究“革命历史小说”了，充其量写点鲁迅、张爱玲，对同时代人的阅读也就到格非、苏童为止。反省的结果是，“70 后”“80 后”作家，不再是我的同时代人了。但奇怪的是年轻一代的诗歌一直都能触动我。这个概念就成了我抗拒某些与我格格不入的作品的理由，另一方面，也是一种激励，激励年轻一代批评家进行与他们所处的时代“搏斗”的写作。

进一步反省就发现我在自我辩护的同时把这个概念狭窄化了，狭窄到了“同年龄人”，即如今不假思索地到处套用的“70后”“80后”标签，“代”的时间单位被缩减固化为公元日历的“十年”。从前给作家划“代”是看他们出道的时间。我举过一个很切身的例子，梁左是我们北大中文系77级的同学，跟我住同一个宿舍（他后来成了有名的喜剧作家），他母亲谌容（成名作《人到中年》）跟我们班另一位同学陈建功同属于80年代的“北京作家群”。跟着梁左同学，建功应该叫谌容“阿姨”对吧？可他们是同期出道的，就大大咧咧直接称呼“谌容”。如今呢，就只看出生医学证明（香港叫“出世纸”），代际交替全看年代标记的嬗替。后来我读到意大利学者阿甘本的一篇文章，《何谓同时代人》，也有译作《何谓当代人》，给我启发很大。

他讨论的重点是人和他的时代的关系，何种关系可以把人看作“当代人”，即“同—时代—人”。第一点，所谓同时代人，或者当代人，他是尼采的那个概念——不合时宜的人。同时代人，当代人，一方面他是如此密切地镶嵌在时代之中，另一方面他又是不合时宜、格格不入的人，他跟时代有一种非常复杂的关系，他既属于这个时代，但是又不断地要背叛这个时代、批判这个时代，这种人才能叫作“同时代人”。如果你紧贴着时代，顺应着时代，不假思索地以出世纸证明自己的当代性，那就错了。他是不合时宜的，这是非常重要的一点。阿甘本说，不合时宜是什么意思呢？他跟自己的时代有一种奇特的关系，这种关系依附于时代的同时又跟它保持距离，这种跟时代的关系是通过脱节或者时代的错误而依附于时代的。所以，那些过于契合时代的人，在所有方面都顺应着时代的人，并非当代人，最重要的一点——他们没法审视时代——用我比较爱用的粗俗的话来讲，他们紧贴着时代的大屁股，根本看不清时代。

这是第一点，第二点呢，阿甘本指出来，当代人是什么呢？当代人是紧紧地凝视自己时代的人，是感知时代的黑暗、感知时代的晦暗而不是光明的人。他将这种黑暗视为与己相关之物，视为永远吸引自己的某种事物。与任何光相比，黑暗更是直接而异乎寻常地指向他的某种事物。当代人是那些双眸被源自他们生活时代的黑暗光束吸引的人。所有那些经历过当代性的人，深知所有的时代都是晦暗的，都是黑暗的、暗淡的，所以当代人是那些知道如何观察这种暗淡的人。他用很文学的话说：这些人用笔像蘸墨水一样蘸着这一时代的晦暗来书写。但同时，他又把这些黑暗看成跟光有关系的，他把它叫作黑暗的光束。他用了天文学的比喻，我们仰望星空的时候，看到了很多星光，但是整个大背景是黑暗的，而这些黑暗之光是由那些不断地远离我们的星系发出来的。但是，到底什么是时代的晦暗？它是时代之光的对立面吗？对阿甘本来说，晦暗和光密切相关。晦暗并不意味着绝望的深渊。相反，晦暗也是一种光，它是试图抵达我们但从未抵达我们的光。时代的晦暗深处，还是有光在临近，即便是遥遥无期地临近。感知和意识到这一点的人，或许就是当代人。做一个当代人，就是要调动自己的全部敏锐去感知，感知时代的黑暗，感知那些无法感知到的光，也就是说，感知那些注定要错过的光，感知注定要被黑暗所吞噬的光。所以，感知这个时代的黑暗之光，也是只能感知，而这些暗淡的光永远不能抵达我们，但是我们可以想办法去凝视它。

第三点，他指出来时代的一种断裂（我们都记得哈姆雷特的经典台词：时代脱节了……），就是说，当代人，他是有意地去关注这个时代的断裂，甚至有意地去制造这种时代的断裂。由于这种时代的断裂，你可以把你的古代，或者你的晚近的古代，带到这个时代的断裂里头去。古代和当代有一种显而易见的距离，但是“在最近和晚近时代中感知到古老的标志和印记的人，才可能是当代的”。一个当代人不仅要在空间上拉开他和自己的时代的距离，他还要在时间上不断地援引过去：“当代人不仅仅是指那些感知当下黑暗、领会那注定无法抵达之光的人，同时也是划分和植入时间、有能力改变时间并把它与其他时间联系起来的人。他能够以出乎意料的方式阅读历史，并且根据某种必要性来‘引证它’，这种必要性无论如何都不是来自他的意志，而是来自他不得不做出回应的某种紧迫性。”

阿甘本有一个很有意思的观点，认为不同的人都是选择从不同的“自己的古代”进入当代的。你可能是由“李白的盛唐”来进入当代，也可能由“苏轼的北宋”来进入当代。像洪子诚老师，可能是从“契诃夫的19世纪的俄国”进入当代。温儒敏、钱理群老师他们，可能是很固执地从“鲁迅的‘五四’”进入当代。这就跟文学史的写作和教学有关系了。我们写文学史，不是为了去关注那些遥远的或者晚近的文学现象，而是要把这些文学现象带来当代，带来跟当代对话。

所以，什么叫当代人，批评家跟时代的关系应该是什么样子的，这首先给我一个非常严重的警惕——这些人不再读小说了、不再关注当代作品，他已经不是一个当代人了，还想拿出世纸来蒙混过关。

胡红英：《论“二十世纪中国文学”》和“‘二十世纪中国文学’三人谈”中，您和陈平原教授、钱理群教授描述了一种打通近代文学、现代文学和当代文学分期研究格局，“将‘二十世纪中国文学’作为一个不可分割的有机整体来把握”的文学研究想象，于今还使青年研究者读来热血沸腾、心潮澎湃。但是，我们都知道，目前这种分期研究的格局，可能比 1985 年更难撼动，想要超出这一分期格局有所作为显得格外艰难。您如何评价你们当初的研究想象和当下的研究状况？对于想要超出分期研究格局驰骋想象力的青年研究者，您有何建议？

黄子平：三十年前，学术界普遍存在的欲望和冲动，就是追求一种摆脱了依附于政治史叙事的文学史框架。“分期”这个概念之所以凸显出来，是因为政治史叙事是建立在“社会发展史五阶段”论和新旧“民主革命”阶段论的权威虚构之上，这些“阶段”一个推翻一个，一个压倒一个，构成了激烈的进化论链条。依附于这种叙事的文学史，也是以无休止的“决裂”、不断抹杀自己的“过去”而建构起来的。总体论、系统论的哲学观念带给我们的启发是，寻找某种文学现象之间的普遍联系是可能的。“二十世纪中国文学”的设想就是这样提出来的。以前互相割裂、残缺不全、讲不清楚的文学现象，在新的叙事框架里突然获得了叙述的可能。

举例来讲，“新文化人写的旧体诗”，无论在哪个阶段的文学史都没有摆放的位置。我们知道鲁迅、郁达夫等新文化人写很好的“旧体诗”，但五四新诗完全排斥了它。当代，最高领袖的诗词全国诵唱，但他也说青年人不要学。直到“聂绀弩们”的新式打油诗出来，人歌人哭大旗前，这一被“新文学”摒弃的“旧文体”才重新获得其“文学史价值”，可以在“二十世纪中国文学”的框架里做一个连贯的叙述。别的例子，譬如从晚清直到21世纪的“海派文学”，或者“没有晚清何来‘五四’”的话题，都是可以在这个框架里展开。我想这个叙述框架大概仍然有点生命力，但这也很令我失望：三十年了，早该有新的文学史叙述后来者居上了呀！总体论的宏观叙事，很容易构建颇有气势的论述，但都依赖于大量的假设和联想，有些比较靠谱，有些只是捕风捉影，经不起推敲。宏观叙事往往以淹没或遮蔽大量的精彩细节为代价。所以也很容易理解，当既有的叙述框架仍然可用的时候，研究者会致力于捕捉精彩的细节，充实那个总体框架的细部，并不急于寻求新的叙述格局。但是，忘了谁说的了，“一代人有一代人的文学史”，早就到了推陈出新的时候了。

胡红英：《论“二十世纪中国文学”》认为20世纪中国文学美感特征的核心是“悲凉”，这个看法让我感觉非常新奇，用一个词概括近百年文学的美感特征也极具胆识和野心。“‘二十世纪中国文学’三人谈”对这个观点的论述——认为即使作家没有意识到20世纪的“历史内容”，这一“历史内容”也“在那儿摆着呢”，一旦意识到了，作品便会表现出此种美感特征。这里逻辑上可能稍微有点本质化倾向，却不妨碍它的个性魅力和启发性。这种天马行空的文学研究的想象力，当下已经很少见。这个观点是如何“谈”出来的？“悲凉沧桑”在当下跟张爱玲近乎是固定搭配，你们当时是否有受到张爱玲流行的影响？您现在怎么看这个观点？

黄子平：“总体美感”这个概念主要是我执笔写初稿的时候，从“意识到了的历史内容”“逻辑地”铺陈出来的。那时节，老钱新任中文系讲师，开讲鲁迅周作人，备课任务很重；平原正读博，王瑶先生盯得他很紧。我在北大出版社每天看看书稿，比较有空，执笔的活儿就落在我头上。花了一个星期写出初稿，准备讨论以后再斟酌修改。没想到老钱和平原都说，“很好，就是它了，寄走吧”。拿到《文学评论》那里，编辑部的前辈们也说“很好，就是它了，发头条吧”。就这样来不及再细加讨论修改，初稿即成定稿，所有的简陋仓促之论都摆在那里了，没法子懊恼。论文发表之后，争论最大的就是这个“美感特征的核心是‘悲凉’”，一个世纪的文学现象千差万别，怎能一言以蔽之曰“悲凉”，尤其是“十七年文学”，战歌和颂歌的年代，高歌猛进，跟“悲凉”毫不搭界嘛。所以我对这一部分的论述要负主要的“文责”。当年除了老钱他们能接触到沈从文张爱玲的作品（凭王瑶先生签的条子能进北大图书馆书库），我还没机会读张，不知何为“苍凉”的“参差美学”；“悲凉”这个词应该来自鲁迅对《红楼梦》的经典概括：“悲凉之雾，遍被华林。”悲凉、焦虑、忧患意识，这些词在20世纪80年代用得相当频繁。存在哲学、美学和悲剧心理学的书，我那时读了不少。这些都可能影响了这个“大胆的”“富有想象力”的论断的提出。更重要的还是我们三位都刚刚从浩劫里活过来，劫后余生，心境一直悲凉得很。平原倒一直很庆幸我们当年的率尔操觚，说是尽管“简陋粗糙，却也生气淋漓”。要是我们一直在那里如切如磋，如琢如磨，越改越不满意，可能到最后就拿不出来了。有一个说法叫“写不过自己”，意思是写不过年轻时候的自己。写不过别人你倒也认了，写不过自己，就心有不甘。其实我挺羡慕年轻时候的自己的，那时候胆子比较大。

胡红英：比之两位合作者，读者似乎更经常把您跟“三人谈”联系起来，这可能跟您后来的文章、著作依然有着浓烈的20世纪80年代的精神气质有关系，尤其一如既往地保持了对文学性的高度重视。文学性应是文学具有的神秘性魅力的承担者。目前学界谈论文学性，一般指向对文学内部研究的重视，经常把它跟文本细读结合在一起，将文本细读视为揭示、描述文学性的一种重要手段。您的文章似乎没有很强的对文本展开细读的热情，好像倾向于追求以“碎片化”片段提纲挈领地串联起观点，却又使人感觉文章本身的文学性也很强，我感觉《“灰阑”中的叙述》这个特点还比较明显。黄老师对文学性有着怎样的认识？

黄子平：我注意到20世纪90年代以后，不少学者清理了20世纪80年代的“审美主义”意识形态（康德意义上的“非功利”），又不愿回到过往的“庸俗社会学批评”，因而试图提出一种非本质化的、更包容或更有阐释可能的概念，称之为“文学性”。这是一种非常艰难而且英勇的努力，要在“文化研究”“解构主义”和“消费主义”的汹涌怒潮中站稳“文学研究者”的脚跟。我钦佩和赞赏他们，但自己却没有这方面的承担，即你所说的“一如既往地保持了对文学性的高度重视”。

说“艰难而英勇”，是因为我们试图界定不可界定之物。逻辑上，我们总是无法回避同义反复的表述：“文学性就是使文学成为文学的那些因素或理由”，或者说“小说性就是揭示除了小说无法揭示的存在”。同义反复绝不是空洞的，苍白无力的，恰恰相反，它是强烈的、决绝的表述。只需想想黑帮电影里那句经典台词，Business is business，你就明白，同义反复总是以一种语词的循环，来呈示封闭、排他和理所当然的心态。“文学性”的提出，有时是为了重新安置被“审美主义意识形态”强行驱逐的“十七年文学”或左翼文学，其策略就是阐明：即使它们是宣传、是工具，但也独具某种“西方标准”所无的文学性。

在文学史的各个阶段，“文学性”（正如“纯文学”“纯诗”）总是多元的政治角力的场域。在我自己，是不把文学视为无信仰时代的信仰，也不把文学看作是保存工具理性时代的感性、生命体验的逋逃薮。但我特别喜欢“作为方法的文学”，即面对任何文本，要是放弃了对它的语言、修辞、意象和虚构的感受和分析，就感到非常可惜。你会说文本层面的技巧分析，背后的感性和生命体验就不管了吗？表面即深度。读出任何文本的语言、修辞、意象和虚构（以及视点、韵律、节奏等），就是把它读成了某种“文学”，乐趣于焉而生。方法生成文学，生成之后“有用”与否，就是另一回事了。

“作为方法的文学”，是文学对人文传统的最大贡献。

胡红英：在《“灰阑”中的叙述》中，其实能看出您对“三人谈”时期的文学观念的坚持，比如您在书中并没有依照文学的分期去讨论作品，致力于超越文学分段甚至地域限制去探讨文本之间的脉络关系，像《水浒传》《阿Q正传》《林海雪原》《红高粱》，像巴金的《家》和王文兴的《家变》都放在同一个章节去讨论。这种以文本为主体的研究方式，怎样把文本从各自具体的历史语境中“解放”出来，让它们跟不同时期、地域的文本建立更亲近的关系？

黄子平：我一直对两个概念着迷，一个是“主题学”，另一个是“互文参照”。

前一个是我读文化人类学（和比较文学）的书时学到的，人类学家考察一个“观念”或“主题”，在漫长的历史时期的延伸和衍变。做这种扎实的田野调查和史料搜集是我的弱项，变通的办法是美其名曰“抽样”，然后建立某种“互文参照”，把文学母题的历史链条贯穿起来。譬如我写《同是天涯沦落人》，就是从张贤亮的《绿化树》回过头来追溯到郁达夫的《春风沉醉的晚上》、马致远的《青衫泪》和白居易的《琵琶行》，一直到屈原《离骚》里的芳草美人，讨论“风尘女子”如何成为中国读书人的“自我镜像”。这是一种“弱”的人类学写法，勾勒出来的线条很粗，叙述仓促，但是因为之前没人讨论过这个母题的历史演变，仿佛就有点新鲜。钱理群很赞赏这种写法，说是别开生面，突破了“文学史的断代藩篱”，其实还是因为他对人类学和比较文学不熟，被我蒙住了。陈平原、葛兆光这两位朋友私下就有很到位的批评，说我的文章的毛病就是，每一个论点都只举一个例子，孤证嘛，明明有许多互相补正的例子摆在那里，却无暇他顾，急匆匆往下说。我在北大开过一学期的主题学选修课，讨论过“自杀”“疾病”“流亡”等主题，修过的学生都说虽然线条太粗，但给他们自己后来的研究留下了很大的发展余地，等于是开出一大堆研究的题目给他们。而我自己，关于“自杀”，只写了一篇《千古艰难唯一死》，讨论三篇写作家自杀的短篇小说。对“疾病”主题的关注，则一直延续到对丁玲《在医院中》和张爱玲“华丽与污秽”的讨论中。

胡红英：20世纪80年代，如今已成为后来者向往的一个文学时代。我们惯于从精神上去肯定80年代，从情感上去回忆80年代，但是80年代的文学作品一样充满了精神的孤独、困顿与挣扎，这点在诗歌方面表现尤为明显。80年代，文学界是否也处于安顿过去和想象未来的焦虑之中，对当下充满否定？您把80年代命名为“远去的文学时代”，这样一个让过来人盯着它的背影，显得格外深情地看着它越走越远的文学时代，究竟是怎样的一个文学时代？

黄子平：“八十年代遗民”，这是我的学弟孙民乐老师发明的词，可以很准确地用来概括这些20世纪80年代“出道”的学人。按照王德威在他那部《后遗民写作》里的说法，遗民的“遗”有多重意思，既是“遗失”，又是“遗留”。2010年，复旦大学出版社出一套丛书，“三十年集”，请80年代上大学和读研的文史学人，三十年来每年选一篇文章，文体不拘，编一本集子。第一辑很成功，第二辑里有钱理群和赵园等人。编辑到北京组稿，到了老钱家聊得兴高采烈，老钱一拍大腿说黄子平正好也在北京，叫他也编一本。复旦的编辑大喜，说我们正要找他。

我那年从香港浸会大学退休，回北大客座两年，见这种书的编法很有意思，可以把完全不相干的文章编在一起，就答应了。可是想书名的时候就犯了愁了，书是有回顾性质的，好书名都被第一辑里的学人们起完了：《三十功名尘与土》《后而立集》。我从《诗经》里找到两句，颇合我二十年后重回北大的心情："昔我往矣，杨柳依依。今我来思，雨雪霏霏"。准备要么《昔我往矣》，要么《今我来思》。不料赵园也在为书名犯愁，我历来有帮朋友起书名的义务，就写了这两个让她选。赵园喜欢《昔我往矣》，她的老伴王得后，也是我的老朋友，他说干脆，《今我来思》就给他做新杂文集的书名好了。好嘛，复旦来催报书名的时候我一急，就报了个《远去的文学时代》，报完马上就后悔了。如何界定这个时代是一个"文学时代"？如何判定它已然"远去"？这是写一万字也讲不清楚的题目。本来就是一个隐喻，只能用隐喻的办法来表述。结果这本书的小序，写成一首短短的散文诗。我现在就引来这里，不知道能否回答你的问题：

那年梦中有人嘭嘭拍门，白盔白甲的，乱纷纷叫道，同去，同去！于是就攘袂同去。同去的结果呢，道路多歧，人生实难，三十年，只剩得一堆芜杂的文字。梦醒时分，一一检点这些文字，这些（幸乎不幸乎）被后来者归入"新启蒙知识档案"的文字，抚案凝神，心中一片微茫。

启蒙时代（或文学时代）已然远去，欢迎来到“蒙启时代”即“再蒙昧时代”。你我亲历了这样的时刻：文学所蕴含的反抗实存的力（摩罗诗力），它所追求的语言乌托邦（恶之华），在某一历史瞬间倏然幻灭。很多年以前就有人预言：再没有大写的文学了，只有写作，——办公室写作和广告写作。文学下降到了他所说的零度。而我此时检点个人贫瘠的写作，竟也用了抽象空泛的逝者如斯，来为自己的歧路彷徨作解，也就难掩身内身外的渐入迟暮了。

昔我往矣，杨柳依依；今我来思，雨雪霏霏。身处后文学时代你将如何写作？在印刷资本与教育产业的话语秩序中，在新一轮的太平盛世中，我每每想起鲁迅当年梦幻般的吟唱。说是王纲解纽、地火衰弛之际，边缘曾有惨白细弱的小花萌放；待到整饬纲常，油沸火吼，钢叉和鸣，那曼陀罗花就立即枯焦了。早春二月的梦游者却依稀记得，生命中，真的曾见沙滩上铜色的月亮，还有那大片大片的白色花。山阴道上结伴同行，看见过那些好的故事。

我重读这首五年前写下的散文诗，堆砌了太多《野草》式的语词和意象，未免有点阴郁；但又固执地觉得，从隐喻的层面，还是写下了我对 20 世纪 80 年代的怀恋和幻灭，写下了（仿佛预言和寓言）对未来的悲观和颓唐。

胡红英：您 1990 年离开北大，之后在美国的大学辗转几年，1993 年到了香港浸会大学任教，其间有思考“幸存者”境遇的《幸存者的文学》，写就了《革命·历史·小说》这本“自我精神治疗的产物”，进行“对少年时期起就积累的阅读积淀的一次自我清理”，后来又出版了《边缘阅读》《害怕写作》等。我感觉您在 20 世纪 80 年代颇为活跃的时期写的文章洋溢着一股乐观的情绪，其时尚未意识到“自我清理”的必要，尚未“害怕写作”？

黄子平：写作是一种“治疗”，但同时也是一种“疾病”，所以才会有害怕和欢喜。北京太热闹了，20 世纪 80 年代太热闹了。身处 80 年代的北京和北京大学，那个时空位置会潜在地放大你的声音，左右你的心态。这一点只有在移至边缘之后，才能谦卑而自觉地意识到。反讽的是，那些年“边缘”一词正成为学界热词，中心得很，一点都不边缘。但“边缘”却确确实实是我的处境、心境的真实写照。

1997 年前后，从“过渡期”过渡到了“过渡后”。其时香港高校中有“内地背景”的学人，没有几个。在南国边陲，在香港的一个小小学院（那时还未升格为大学），老老实实地在一个助理教授的职位上教书写作，沉静而谦卑，是我当时追求的理想状态。后来我从爱德华·萨义德关于“格格不入”的论述得到启发，发现身处“边缘”也有其积极的有利的方面，即能够“看到”身处中心时无法认知之物。早在内地“红色经典”热潮之前，我在图书馆翻阅“革命历史小说”，看着这些少年时期的读物泛黄的书页，心想这年头，全世界大概只有我一个人对着它们来细读、摘抄、做笔记呢。“叙述与时间”“身体与革命”“宗教修辞”和“土匪传奇”，这些我觉得还算有点儿发现的章节，若非身处边缘，即使写得出来，也不会是现在这个样子吧。作为一个做文学批评的人，我还很自觉地以为，一定要参与“在地”的文学实践。所以那些年还写了不少与“香港文学”相关的文章，结识了不少香港的文艺前辈和新秀。后来我才发现，我的文章也传入内地，为师友以及他们的研究生所喜欢，有的也被像洪子诚老师的《中国当代文学史》这样的教材所引用、讨论和批评。这说明“边缘”和“中心”绝不是僵硬的对立，而是时时处在转化和移位之中。

胡红英：您以前在访谈中质疑过大学将文学史教材作为主要授课内容的做法，指出“文学史叙述的危险就是出而不入，作品往往淹没在宏观叙事里消失了”。对于在大学上过系统文学史课程的研究者，确实容易惯性地把文学史视为文学研究的主体，将文学批评视为回应当下创作实践和文学史的编写服务。您似乎是将文学批评看作是有独立价值的文学研究方式，它不是为文学创作和文学史编写服务的，它本身是一种与它们地位平等、面目和功能不同的书写形式？您如何理解文学批评及其与文学创作和文学史的关系？

黄子平：“文学史”是现代的产物，是建构现代民族国家的主体想象的重要论述，因而在现代高等教育中占有不可动摇的位置。我听陈平原说，北大中文系的前辈老师，毕生的愿望就是写一部文学史，无论是通史还是断代史。对学生来说，文学史课程在整个北大中文系四年的教学中是分量最重的。你想想“美国文学史”充其量二百年，我们却从先秦讲到晚清，两千年，讲四个学期。紧接着，现代文学史讲两学期，当代文学史又讲两学期，还有“古代文学批评史”，全是必修课。我读本科的时候，还要请西语系的老师来讲“欧美文学史”，俄语系的老师来讲“苏俄文学史”，东语系的老师来讲“东方文学史”。问题在哪里呢？作品太多了，根本没法读。即使是跟教材配套的“作品选”也没法读完。最坏的结果就是，学生不读作品，只读了那本最差的“作品”，即文学史教材，记住了很多人名书名。中文系古代室编的三套书，《先秦文学史参考资料》《两汉文学史参考资料》《魏晋南北朝文学史参考资料》，我从中学到的东西远比“文学史教材”要多。我主张应该倒过来，以这三套书做“教材”，以文学史教材做“参考”。或者不再讲通史，而是开很多专题课，讲“盛唐诗”“北宋古文”“海派文学”“延安文艺”“寻根文学”等，讲深讲透，然后学生触类旁通，再去开掘属于自己的专题研究。表面上看这是教学时间安排的实际考虑，其实是对“文学史叙述”的“不可动摇”的位置的总体反思。回忆一下文学史所用的“概念工具”——作品、作家、社团、文学运动、思潮、时代，都是逐步把分散的独立的“作品”一路收纳到越来越宏观的体系中去。“作品”消失了。

那么文学史跟文学批评是什么关系呢？我的一个激进而有点虚无的想法是，并没有什么“文学史”，只有“文学批评”；准确地讲，文学史只是“一种”特殊的文学批评，尽管它有成套的概念工具，有历史形成的叙述传统，有高等教育体系的支撑，但未必就比别的感性的、偶发的、随风飘逝的文学批评优胜。这里的关键，自然是追随福柯，用“文本”的概念取代“作品”的概念，建立在“作品”的基本范畴之上的一整套体系就都消解了。

胡红英：您20世纪80年代给赵园老师《艰难的选择》一书写的小引，有一节“题目选择了我们”，谈了题目和研究者的关系。最近几年您好像主要在研究沈从文，在人民大学做客座教授期间还开了“沈从文八讲”系列讲座，讲录稿也将要出版，沈从文研究这个题目是如何选择了您？

黄子平：人民大学的系列讲座快要结束的时候，在答问环节，同学问了一个类似的问题：沈从文最打动你的是什么？沈从文的微笑！我看沈从文的照片——全集的出版会把一个作家自幼年到老年的照片排列在一起——我发现，除了那张离开湘西赴京前青涩的后生，所有的照片里沈从文那温文的微笑几乎一成不变地贯串始终。然后我就读到他在天地玄黄之际写的自白：你们只看到我嘴角的微笑，又有谁能懂我多少年的心头之痛？这句话令我震撼，直接击中了我，我就一直想要弄懂这“沈从文之痛”究竟何所指。黄永玉说表叔“捏着几个烧得通红的故事，不写，也不说”。我觉得“沈从文之痛”，也是湘西之痛、苗民之痛，更是中国的现代性之痛，但却以“沈从文的微笑”这种方式呈现出来。这就是“题目选择了你”的瞬间，触电似的。

从学术的角度，阅读沈从文的最有意思的一点，就是他自嘲说的“出土文物”。简单来说，前三十年，他是被“中国现代文学史”排除出去的文学家，后三十年，则是想把他重新安放到现代文学史又始终不容易安放的文学家。这就使沈从文成为一个测试仪，反过来用以探测“现代文学史”出了什么毛病。以沈从文为“坐标”，产生我们常说的“问题意识”，来反思质疑那个解释系统，就比单纯解读沈从文更有意义了。沈从文和解释系统之间的这种相容相抗，就是我想研究的重点。

胡红英：林岗老师告诉我，他当年毕业到北京，看过您的大论，出门拜访的第一人就是您。您也是现在许多青年研究者喜欢、敬佩的前辈学者。身为青年时期到退休阶段都深受同行喜欢的前辈，您对作为同时代人的青年研究者有何建议？

黄子平：我非常幸运。在北京，在芝加哥，在香港，在东京，一直有师友提携我，用广东人爱用的说法，他们都是我生命中的“贵人”。学生们给我的教益和温情，更是言语无法表达的。有一年在上海，跟几位青年学者餐叙，不知怎么的，他们竟然开始比赛谁记得我的文章多，最后有一位，说出某一小报上的一个豆腐块文章的题目（我自己也忘记了），很得意地说：“这篇你们就不知道了吧！”还有一次，北大中文系的孑民学术讲座，请我回去讲“再论‘二十世纪中国文学’”，正好碰上理科楼停电，同学们跑去买了很多蜡烛，烛光闪闪，大家在黑暗中听演讲。他们都说像开烛光晚会很好玩，我却无端忆起年轻时生产队里点起汽灯开大会。生命中有这样的情景，你会毕生记得，而且心怀感激和谦卑。所以从这点出发，我觉得对年轻的朋友来说，当然写论文、评职称、出专著都很重要，但最重要的还是《诗经》里说的“嘤其鸣矣，求其友声”。

布朗肖说，文学共通体，是一种“不成其为共通体的共通体”，而呼唤共通体的理由，是因为每一个人都是“不充分的存在者”。这种文学共通体，当然不是什么“学会”“协会”这样的群体（有时演变为极可怕的官僚机构），也不是某一师门子弟的抱团取暖。这是一种“知识友谊”，他们之间一辈子也见不了几次面，彼此之间是以写作和阅读的方式，关注对方，评论对方，彼此交流。

（原载《新文学评论》2017 年第 1 期）

“反思”是为了能够提供一张新的“认知地图”

访谈人：李浴洋[1]

“历史化”？算了吧

李浴洋：黄老师，最近因为偶然的机缘，我重读了赵园老师的第一部著作《艰难的选择》（上海文艺出版社，1986 年版）。您为此书写作的小引中有一句话令我印象深刻，“回顾一下我们走过的道路，常常会有这样一种感觉：仿佛不是我们选择了题目，而是题目选择了我们。我们被纠缠上了，命中注定地，要与它撕掳不开。这感觉既令人兴奋又令人惶惑，说不清哪样更多一些”。赵老师这本书主要谈的是中国现代文学史上的知识分子形象。此后她又完成了对于明清之际士大夫的系列研究，并且把目光投向了当代中国知识分子的命运问题，可见她与“题目”的“纠缠”与“撕掳”。那么，您是否认为在自己的学术生涯中也存在某个或者某些被“选择”

① 李浴洋，北京师范大学讲师。

的“原型”与“母题”？ 如果有的话，您的态度又是怎样的？

黄子平：那些年说过一些“抖机灵”的话，小引中的这句是其中之一。这里有“存在论”的意思（“此在如何进入或成为此之在”），也有“结构论”的意味（“不是我们在说语言，而是语言在说我们”），归根结底还是某种宿命论的表达（“你别无选择”）。我考上北大以后，除了老师规定的必读书目（已经多到根本读不完），自己做了两个系列的读书计划，一个是俄国文学，一个是关于革命理论、革命史的论述。前者当然是延续了少年时有限的阅读（普希金、托尔斯泰、契诃夫）激发的持久兴趣，而且北大图书馆中所藏的异域文学以此最充裕，较易借到（你知道从前不开架的借书经验，痛苦而艰难）。后者，是我觉得自己生于并卷入于革命年代，却对革命的理论以及历史一无所知，这很危险也很荒唐。我尽可能找到有关法国大革命、英国革命、美国革命、俄国十月革命的书来读（结果法国大革命的书也没读完几本），就是老想弄明白自己糊里糊涂刚刚经历过的这段“史无前例”到底是怎么一回事。这就是一直纠缠我、与我撕掳不开的“题目”了。后来我说对“革命历史小说”的研究是一次“自我精神治疗”，是很认真的，并不仅仅是一种“隐喻”。

李浴洋：您有一组关于个人成长、阅读与写作经历的随笔——《七十年代日常语言学》《早晨，北大！》与《那些年里的读和写》等——似乎一直为您所珍视，您先后将它们与学术文章一道收入多种自选集（如《远去的文学时代》《文本及其不满》）中。在您从事的当代文学研究中，究竟应当如何放置个体经验的“位置”，始终是一个“问题”。那么，您是如何看待您的研究与置身其中的当代史的关系的，又是如何在研究中处理您作为当代史中人这一身份的？

黄子平：你知道，有很多个人经验，根本不忍也不想触及，更何况表之于文字。可以说这几篇随笔，不过是某种程度上的“幸存”之物。钱理群、王富仁诸学兄都讨论过这一代学人的先天不足：旧学根底、外语、理论素养……一轮减法减下来，可以依仗的，只剩下非常年代的非常历练和体验了，就觉得很应该珍视之。海外也有朋友很惊讶，这些人“土法炼钢”，居然也有好的作品出来，可见我们也不是崔健歌里唱的那样“一无所有”。个人经验有可能有助于深切理解身处其中的当代文学，甚至获得你独有的“一得之见”，言人之未能言。但是一定要非常清醒：这恰恰是贫乏的标志，而不是丰盈的标志。要意识到个人经验的狭窄、孤独和时间空间方面的局限。经验主义因其易感、可视等感性特征带来的说服力，容易被误以为“接地气”“在现场”，而夸大为“真”的论述。“我在干吗干吗的时候你在哪儿呢？”我少年时经常被这类话咽着，如今最希望自己不要变成“当年憎恨的人”。

李浴洋：对于当代文学研究，从学科建制的角度出发，最近二十年间被讨论最多的两个概念应当非“历史化”与“当代性”莫属。饶有意味的是，这恰好是一对既有联系，同时又在理论与现实指向上多少有些互斥的概念。不少当代文学学者都发表过对于这两个概念的见解，但大家的看法却似乎莫衷一是——除了几乎一致地认为当代文学研究应当既追求“历史化”又具有“当代性”以外。我想知道，您是否注意到了这些讨论的声音？您是如何理解（或者不解）“历史化”与“当代性”的？

黄子平：“历史化”也是我喜欢和爱用的一个概念，有时候会说“回到历史现场”，有时候会说“展示多重历史脉络”，等等。“永远历史化！”这是马克思主义理论家詹明信带给我们的指令。对于詹明信来讲，要阅读一套文本，我们就不得不先将文本“历史化”。这套“历史化”并不仅仅是如某些庸俗批评所做的，强行将上层结构（例如文学、艺术等）视为下层结构的直接折射。詹明信提出，单纯地把握文本的内容，对文本进行细读或者解构，或者是如上述所讲的方法对文本作出批判，并不足够。因为作者身处的社会环境总是会影响作者的思想，进而形塑作品；我们必须将文本放入文本诞生时的历史脉络，亦即社会系统、政治、司法、意识形态、经济状况、文化历史等元素，考察文本如何表现这些元素。而透过上述这种“总体化”的过程，我们方能回到作品被生产的过程，揭开主宰文本的意识形态和社会矛盾，继而期待这些“被压抑的症状”的回归。有趣的是，老詹是用这套方法来揭示那些“去历史化”和“去脉络化”的后现代主义作品的“政治无意识”，在中国，却成了为苦难和暴力杀戮辩护的一套批评策略。

所以另一个马克思主义批评家伊格尔顿就批评老詹，说“永远历史化”的悖论就在于它无法把自己包含在内。“永远历史化！”这是一个拒绝相对化的绝对命令，一个拒绝语境化的无语境的要求，一个拒绝变化的永恒真理。这个“站在历史之外”发出的绝对命令本身就是“超历史”的。伊格尔顿说，文化左派不假思索地接受这一套指令是根本错误的，热爱历史主义的右翼理论家和历史学家多得很。问题不在于是否接受“历史语境化”，而是在众多的“语境”中你的选择和阐释，其中就蕴含了你对历史和历史人物的道德判断。因此，“历史化”的某种成问题的操作是：所有的苦难和暴行都被“同情地理解”了。这是我们必须不断提出来追问的攸关“叙述伦理”的问题。

这就涉及你说的另一个概念——“当代性”，我不太喜欢用，总觉得包含了某种“与时俱进”的扬扬自得。一个文本的“当代性”是因为当代的阐释加入进来，产生了新的意义。若从文学批评的角度，就要细心考察，使一个文本的新解释产生的、新的历史条件是如何出现的。这就是历史所包含的“未完成”的维度。伊格尔顿说，历史的末端总是保持开放，文学的意义也是。批评在某种意义上成为作品的一部分，在某种意义上它参与或者协力促成作品的产生。因为对作品的补充是一个永远不会结束的过程，这也说明作品本质上是不完整的，总是不断要求得到补充。对于更大的文本，即我们称之为历史的东西，情况也是如此——我们所继承的过去总是未完成的、暂时的、变动的，结果就好像是它完成了我们所做的回溯性干预。文本的“当代性”是因为当代批评家一直在参与“作品的生成”，这就包含了批评主体的潜能和责任。躲在“时代的大纛”之下发出指挥刀的铿锵，这不叫“当代性”，这叫陈陈相因的傲慢和偏见。

那也太"八十年代"了

李浴洋：还是说到赵园老师的《艰难的选择》。我注意到，她的著作大都一版再版，唯有这本，除去在 2001 年由原出版社重印过一次以外，未再推出新版。我曾经问过赵老师这是为何，她说自己并不喜欢书中的"八十年代腔调"。其实不仅是赵老师，您后来也反思过所谓"八十年代腔调"的问题，并且着力调整了自己的文风、修辞习惯与论述形式。在您看来，"八十年代腔调"为何会出现（或者为何会以这样一种形式出现）？它为何又是失效——需要检讨与告别的？

黄子平：记得阿城说过，"寻根"是好的，"寻根腔"就不好了。后来才发现这种说法的专利是木心的。任何好东西形成了"腔"就不好了。若从正面角度，或可足证 20 世纪 80 年代有潮流，有流派，有文学运动，才会有共通的风格追求；不像当下"原子化的个人写作"，批评家无从概括他们，只好偷懒，拿"出生年代"做分类标准。我不觉得《艰难的选择》里有"八十年代腔调"呀，也没和赵园老师讨论过"八十年代腔调"何所指。她那种内敛、绵密、有点儿涩的文字，是难以企及的写作。我自己在写《当代文学中的宏观研究》这种大言炎炎的文章的时候，真正意识到"毫无疑问"和"众所周知"是有问题的。从根本上说，出于对"现代性"（或现代叙事）毫无反省的过度乐观，我少年时习得的豪迈文风没有得到任何矫正，某种程度上还恶性发扬了。如今重读，只能说是惨不忍睹。我后来在讨论鲁迅的“结巴”的时候（“整个表意系统倾覆了，所有的语词都歪歪斜斜”），开始认识到人人口若悬河的时代，当务之急是如何习得一种“结巴的文体”。

李浴洋：时下学界流行的另外一种对于20世纪80年代的“反思”，即认为80年代的“解放”其实造成了“视野的失落”，应当为之后的历史后果“负责”。不知对于这样一种观点，您怎么看？借用“视野的失落”一说，您认为在当下的80年代研究中是否也“失落”了某些原本属于那一时代，或者为理解那一时代所必需的“视野”？ 80年代与当下究竟又是怎样一种关系？

黄子平：20世纪80年代不是一个“物理时段”，而是一个“事件”（由许多“小事件”偶在地集合而成）。这就涉及哲学家们所说的“言说事件的一种不可能的可能性”，对事件的“洞见”必与“盲视”并存（因为你无法把握所有的“小事件”，更无法将它们“总体化”），设想占有“总体性”的全面的“视野”本身就是一种虚幻。当然“视野说”本身就很值得推敲，不过我觉得当下并不具备反思80年代的历史条件，不忘初心，方得始终，80年代始于何处，终在哪里，不明不白。这不光是一个“视野”的问题，而且是一个“言说”的问题。这时候或许应该遵循维特根斯坦：不可言说者，不说。

李浴洋：“八十年代”研究已成21世纪以来文学研究的“热点”之一，不少学者都致力于此，提出了各自理解这一时代及其文学、文化的方案。您选择“不说”，但说的人着实不少，无论是曾经的历史现场中人，还是诸多当代文学学者。20世纪80年代与您相关的重要事件之一是“二十世纪中国文学”概念的提出。这一概念产生的直接影响已经为此后的文学研究证明，似乎无须多言。不过，由其引起的聚讼纷纭迄今不息也是事实。前述“视野的失落”一说便与此文相关，您是否愿意略作回应呢？

黄子平：王瑶和维特根斯坦：不说白不说，说了也白说，对吧。“失落说”的依据就是来自最早由钱理群传达的王瑶先生的批评：“你们讲20世纪为什么不讲殖民帝国的瓦解、第三世界的兴起，不讲（或少讲，或只从消极方面讲）马克思主义、共产主义运动、俄国与俄国的影响？”论者据此指出：这些“二十世纪中国文学”“不讲”的内容，概而言之，便是遮蔽20世纪“现代性”的内在矛盾与冲突，将其视为一个统一的因而也是“单一现代性”的过程，也因此抹去了以“革命中国”为代表的在资本主义内部批判现代性的“社会主义（第三世界）现代性”。我之前在《东方早报》的记者采访中，简单回应过这个问题：“不提”和“没提”或“不太提”，还是有区别的。为什么没提或不太提，会不会是作为主流、主旋律、庞然大物，它已经在那里很久了？也有学者批评，为什么不提张爱玲、钱锺书、胡适、周作人，不提自由主义文学？我想起卡内蒂的格言：只看见过一次的东西不曾存在，天天看见的东西不再存在。在文学史里，前者是自由主义文学，后者是社会主义文学。整个“二十世纪中国文学”框架完全是基于对庞然大物的反思而提出来的，这个庞然大物就在那里矗立着，有趣的是大家都心照不宣地视而不见。如果要想一个对应的视觉隐喻，那就是史蒂芬·金式的“迷雾”了。不是因为“视野的失落”而看不见，而是因为它就是“幻觉－框架”本身，根本无法从其中剥离，而且，它还反过来时时凝视着你。

好吧，继续沿用这一“视觉－心理”的隐喻，那么对“失落的视野”的“重新召唤”将会怎样呢？让我们追随拉康主义者齐泽克的洞见：一个迷人的“怀旧客体”出现了。“怀旧客体”的迷人之处并不在于它散发着昔日荣耀的灵晕，而是从它那里投射出意识形态温情脉脉的“凝视”。是的，温情脉脉。所以它只讨论“大跃进”民歌，而不提相关的“三年困难时期”（那也太“八十年代”了吧）。它虚构了“人民文艺”与“人的文学”的和衷共济，而不提其间的多年压迫和排斥（那是“八十年代”才会关心的话题吧）。在这个“怀旧客体”那里，只提“劳动诗学”的欢声笑语，基本不讨论“分配”（公平和公正）的问题。要知道，只谈论“生产”（劳动）是国民经济学，谈论“分配”才是政治学，所以马克思才会把自己的研究称为政治经济学。20世纪80年代的反思，曾经尝试提供新的“认知地图”，使我们对“幻觉－框架”产生“侧目而视”的穿透力。如今，缝隙被迷人的“怀旧客体”重新遮蔽了。

在“幸存”的边界上“解读失败”

李浴洋：《幸存者的文学》（远流出版公司，1991年版）是您在台湾出版的第一部著作。您在该书中以“劫后文学”定义“新时期文学”，自然也同时定义了自己作为“幸存者”（批评家或研究者）的身份。与您日后出版的《革命·历史·小说》（内地版名《“灰阑”

中的叙述》）、《边缘阅读》与《害怕写作》等广为流传的著作（它们也是先在海外问世）相比，您似乎并不经常提及该书。但在我看来，“幸存者的文学”固然是一个与具体事件相关的概念，但同时也未尝不是一种批评观念的彰显。您后来很少说到此书，也基本不再使用这一概念，是否意味着您修正或者放弃了对于“新时期文学”是一种“劫后文学”以及您作为“幸存者”的身份意识的理解？

黄子平：幸存者，繁体字出来我才发现写为“倖存者”，简体字里被遮蔽的另一层意义得以彰显出来。我想起我们北大乐黛云乐老师的自传里引用过一段犹太人的话：“倖存”是一种深刻的生存体验。“倖存者”们以各个不同的方式为劫难和劫难之后的年代提供证言。“倖存”这个字眼包含了一个无从闪避的自我质询：他们都死了，而我活了下来——我是怎样活下来的，我将怎样活下去？“我们活下来并非全因勇敢、生命力顽强或信念坚定，逃生者实在只是由于撒谎、运气好或作奸耍滑而浮出了水面。”好吧，后来我读到的大量的作品，作家普遍的自我感觉良好，所谓幸存基本上都是“幸运”的“幸”，而不是“侥倖”的“倖”。到大批“青春无悔”和“苦难辉煌”出来，我完全绝望了，都到这份上了，谁还好意思把“新时期文学”称为“劫后文学”？

李浴洋：您曾经回忆过，1990 年去国以后您在哥伦比亚大学图书馆重新阅读 20 世纪 50 至 70 年代内地文学作品时的感受：“在一个遥远而陌生的国度和语言环境中重读这些作品，感觉颇有几分诡异。”由“诡异”带来的“震撼”促成了《革命·历史·小说》

的产生。不过您好像从未谈过当时您是否也在“遥远而陌生的国度和语言环境中”重读了您评论过的诸多“新时期”的文学作品。所以我想知道“距离”是否也带给了您对于“同时代人”的写作以新的认识？至少一个结果是您自此基本告别了对于内地当代文学，包括同代作家的后续创作的批评。

黄子平：就像刚才谈到的，同一部作品（即使未经改动），其繁简版本读起来感觉也是有微妙的异样的。但这微妙又很难说得明白，说明白了也毫无意义。我读到韩少功的《马桥词典》（我对繁体版的编排出过小小的主意）和《日夜书》，读到王安忆的《启蒙时代》和《天香》，读到莫言的《丰乳肥臀》和《生死疲劳》，很兴奋，偶尔也会给香港报纸的副刊写很短的书评文章、读后感，大都卑之无甚高论，未必就因为身处“边缘”而读出了别样的深刻含义。我一直想很谦卑地指出，“边缘”不是一个僵化的或优越的阅读位置，“边缘”只是一种流动的阅读的“游击战”，其解读失败的机会至少与透彻理解的可能一样多。或许你说的“自此基本告别”，正是这重重失败的明证。

李浴洋：尽管您几乎不再为20世纪90年代以后的内地文学写作批评文章，但作为文学史家，您显然对于最近三十年的文学状况也了然于胸。虽然历史不能假设，但我还是想问：您是否设想过，如果您一直留在内地，您会是怎样的呢？

黄子平：苏州的王尧教授，若干年前也无端设想过这种“设想”，他很直率，说毫无疑问，你应该庆幸，要不你就成为一个著名的“红包批评家”了。我冷汗涔涔，心想这“红包批评家”是什么玩意儿啊？我后来了解了一下，作家出了书，出版社都喜欢到北京来开“新书发布会”（最高规格是到人民大会堂）。你身在北大中文系（所谓“批评重镇”），又是做当代文学批评的，没跑。一定请你，进门给一红包。我自忖革命意志不会很坚定的，决不能做到拒腐蚀、永不沾，只好承认王尧说得很对。市场经济对当代文学的冲击以这种方式出现，这是我难以想象的。当然吴晓东吴老师出于好意，也替我设想过另一种清高隐遁的可能，就是彻底告别当代文学批评，潜心研究鲁迅、沈从文和张爱玲，从而免受红包的诱惑。我擦擦冷汗，承认这种可能也不是没有。我对内地同行没有任何不恭的意思，但我想起那些在相当长时间里不再“做文学批评”的朋友（吴亮、程德培和李庆西等），真是心怀敬意。

读书会与文学奖

李浴洋：从 1993 年开始，您到香港浸会大学任教，直至 2010 年荣休。最近约陈国球老师写关于您的文章（《子平不平凡：我所认识的“香港黄子平”》，《名作欣赏》2019 年第 11 期），我才知道您在浸会大学的十七年间一直讲授“中国古代文学批评史”课程，并且颇多妙悟。但在您的著作中，关于这一方面却未着一字。是否可以请您介绍一下您对于古代文学批评的阅读与思考？

黄子平：我最近读到国球兄的文章，才第一次知晓他说到的那些“学界情形”。总之，我到浸会大学报到的时候，他自己已经跑到香港科技大学人文学部去了，而且撂下了几门课没人教，其中就有“中国古代文学批评史”。于是我就接过来教这门必修课，一教教了十七年。后来我跟北大的张少康老师忏悔，说这是上天惩罚我，因为这是我在北大最不用功的一门课，如今只好日夜恶补。陈平原就笑我，说我昨天读完了“性本善”，今天就去教学生“人之初”啊。后来我读顾随的《苏辛词说》，读施蛰存的《唐诗百话》，读陈平原讲明清散文，读戴燕讲《三国志》，我随便举例，我多么羡慕这些讲授传统文化中最有魅力的文本的教授们啊。我常说，我们在课堂上讲什么结构解结构、离散去离散，学生昏昏欲睡，情有可原；要是你讲唐诗宋词学生还不爱听，那就毫无道理。教“古代文论”最重要的是打破了我原来狭窄的所谓“专业训练”——套用时髦的术语——重新召唤了我本科学习时“失落的视野”。我也思考了一些课题，譬如陶潜和杜甫在他们的“当代”不受待见，他们的文学史地位是“回溯性”地建构起来的；“体大虑周”的《文心雕龙》在历史上其实很少人引用，“愤青”严羽破绽百出的《沧浪诗话》却代代引发争论等。读书笔记有一些，零零碎碎，不好意思见人，静悄悄的只发表过关于“现代文学中的金圣叹”的一篇短文。

李浴洋：在香港任教期间，您曾经长期主持“理论经典读书会”。而读您的著作，能够显著地感受到您对于理论的浓厚兴趣。您对于福柯、萨义德与阿甘本的熟稔程度丝毫不让这一方面的专业学者。而且实事求是地说，您基本都是在这些理论家广泛流行于中国学界之前，就已经将之化用到您的研究实践当中了。读书会都读过哪些理论？其组织形式是怎样的呢？

黄子平：读书会坚持了十年之久，我自己都很惊讶。在别处如何我不知道，在香港，每星期六下午，聚来一起细读那些很难懂的理论经典，这应该是个小小的奇迹。我最感激的是，长年来参加的年轻人，很多并不是我的学生（你知道，学生总有碍于情面不得不参加的因素）。阅读书目主要由李欧梵先生的博士张历君推荐，大家商量，同意了就开始分章节读。除了你提到的几位理论家，我们还"啃"了很久的德勒兹、克里斯蒂娃、柄谷行人、巴迪欧等。我最初的想法是因为我自己读不懂，读得很苦，又觉得非读不可，找这些非常聪明的年轻人来讨论着读，或许会轻松一些（完全是自私的动机）。他们中有的外语（英语、法语、日语）极好，会带了原文版本来参照着读（经常因此发现中文译本中某些离谱的误译和有意的删改，大伙儿就全都乐不可支）。回顾这些理论经典，必须承认，这并非研究西方哲学的教授开列的系统而专业的阅读书目，而是一帮"读中文系的人"的业余爱好，是杂乱无章的随机阅读，这跟我自己一向"随便翻翻""不求甚解"的阅读习惯密切相关。所以决不能说"熟稔"理论并"化用于研究实践中了"，我觉得这个读书会唯一值得称道的，就是坚持得足够久。

李浴洋："香港"不仅是您工作与生活的处所，也深刻地嵌入了您的文学批评生涯。如果与您此前在内地时期写作的文学批评相比，一个鲜明的变化便是散文批评在其间占的比重大幅提升。2012年到2013年，您更是主编了一套卷帙恢宏的"香港散文典藏"书系（香港中华书局出版），为陈之藩、罗孚、董桥、刘绍铭、林行止、西西、金耀基、小思与金庸九位作家每人选编一集，并且为每册都精心写作了导言。这自然也是一次对香港文学的巡礼。能否请您谈一下对于“散文”与“香港（文学）”关系的理解？此外，在各种文类中，散文通常被公认是最难研究的，因其没有现成的理论工具可以依傍（与小说、诗歌、戏剧对比尤其如此），您进行散文批评的主要“方法”与“资源”是什么？

黄子平：中华书局（香港）百年纪念要出一套书，舒非女士找到刘绍铭教授和我讨论，不约而同说，别管小说和诗歌了，要编就编“香港散文典藏”！编这套书的最大困难是商量版权授予的问题，相对来说，大量阅读然后选选篇目，再写一篇不长的导言（我编选并导读了其中的五本），真的不算什么了不得的工作。文学形态学，现代文学写作中“体裁的政治”，都是我一直关注的课题。“散文”是香港文学中最大宗的文化生产，这跟香港写作者的生存状态、印刷资本乃至中小学语文教材的吸纳，都有错综复杂的关联。但是“散文”确实很难研究，至今仍停留在粗糙的“分类学”和一般的“风格描述”阶段。那几篇导言多少触及一些“理论生长点”，譬如散文中的纪实与“星星点点的虚构”、散文中的“引文”、散文与“旅行”（或“成长”）、散文写作的“隐”与“显”等，限于篇幅，都来不及展开。

李浴洋：作为专业的文学批评家 / 研究者的使命之一似乎是参与文学奖项的评审，因为评奖向为文学经典化的重要一环。“红楼梦奖”是您在香港参与发起的一项文学赛事，自 2005 年创办以来，“首奖”得主囊括贾平凹、莫言、骆以军、王安忆、阎连科与刘庆等人，该奖项可谓华语文学的一大盛典。这是一项专门针对华语长篇小说创作的奖项，令人不难联想其设立是否有与“茅盾文学奖”对话的意味？您认为“红楼梦奖”的典范意义昭示了“新世纪”以来的华语文学，特别是长篇小说在哪些方面的实绩？

黄子平：啊哈，现如今人们都已经忘记没有文学奖的年代，那些有成就的作家是怎么写作的了（如今最大的讽刺是文学奖都用他们的名字来命名，所以会有这样的笑话：鲁迅铁定得不了“鲁迅文学奖”）。“红楼梦奖”的设立并无要跟别的奖项对话的意味，由一位写过两部长篇小说的香港企业家投资，自然就会聚焦“世界华文长篇小说”来评奖。人力资源非常有限，我想参加初选的同事（主要是浸会大学以及别的几家大学的同人，还有几位资深的文学编辑）贡献很大，功不可没。以我参加过的几个文学奖项的评审经验，所有的文学奖拿奖的偶然性极大，并不足以视为有“典范意义”的实绩的展示。当然这几届的得主都是非常优秀的作家，关于文学奖，我最同意台湾一位女作家谈到诺贝尔奖时说的一段话：“那就只是一个很好的阅读建议！”

“方法”本身就是“问题”

李浴洋：您荣休之后到大陆与台湾多所高校出任客座教授，以一系列精彩的课程为更加年轻的一代学生所知。我自己也是在这一过程中与您相识的。我选修的您的第一门课程是您2012年在北大开设的“当代传记写作的历史编纂学与政治实践”（此前一年您已经开过一轮，但此后好像再未开过）。这是对我影响很大的一门课程，我从中学到了理解当代文学与当代历史的一些基本方法。但坦白地说，无论是“传记”还是“传记文学”其实都很少被纳入严肃的文学研究的范畴之中，您的这门课程应当也是北大中文系历史上首门专门讨论当代传记写作的课程（外国语学院有过）。您当时是如何想到开设此课的?

黄子平：对呀，“当代传记写作的历史编纂学与政治实践”！这是我又一门来不及好好上（等于半途而废）的课程了。晚清民初的传记文学翻译、编译和仿作，是现代民族-国家形成时的“英雄教科书”热潮。有趣的是现代文学中除了朱东润、吴晗等人写下几部“大传”，别的乏善可陈。当代文学就大不一样了，传记文学写作几乎是“狂潮喷涌”。同样有趣的是，对这一大批作品的评论和研究少到完全不成比例，再一次，我们对庞然大物（“房间里的灰犀牛”）视而不见。你知道，我少年时听到的最严厉的“大批判”用语就是：“他为某某某树碑立传！”从此明白传记写作是一种相当严肃的政治实践。有人说，事实上，传记是神秘主义艺术之一，它使用的科学手段——记录，分析，询问——是为了达到一个不可告人的目的：将石头变为黄金。而传记的最终目的则是一切目的中最为雄心壮志也最为亵渎的——使死人复生。使死者不死，即中国传统文化中的“三不朽”。死者不死的风险未必是复活，而是变成“活死人”，会对活人构成威胁，需要来一回“二次死亡”。总之，这里充满了政治学的、文学的、历史学的、哲学的和神学的内容。那为什么没有继续开？嗯，这门课本身也是一种政治实践呢……我或许应该从头备课，认真写好讲义，找个机会再开一次。

李浴洋：除去讲授本科生必修课“中国当代文学”，还有我刚才提及的研究生课“当代传记写作的历史编纂学与政治实践”，您在荣休之后开设的课程似乎更多都是现代文学方向的，譬如“文化研究：以鲁迅为方法”“海外鲁迅研究”“沈从文八讲”与“中国现代文学主题学四讲”等。从“当代文学”进入“现代文学”，是不是您有意为之的？

黄子平：退休以后我实现了“云游四海”到不同的高校讲课的计划，第一站回到了我三十年前服务过的北大中文系。合约里签订每学期讲两门课，一门面向本科生一门面向研究院。我的心愿是一定要给本科生讲“中国当代文学”（去年有一位当年的学生，现在是美华文学的著名小说家，她提醒我，说三十年前那个学期的“中国当代文学”只讲了半截，后来也没接着上）。给本科生讲“中国当代文学”，结果是不少研究生也来旁听，所以研究院的课必须有一个明显些的“区隔”，免得讲串了。其实在我这里，现当代的分野一向模糊，你说的这几门课，严格来说都是“贯穿古今”的，譬如“沈从文小说的视觉转换”，明明讨论的是“当代电影”——从谢飞到侯孝贤到贾樟柯——作为当代最重要的文化产品，历史的“幻觉－框架”如何制约了这种“视觉转换”。“贯穿古今”，正是“文学主题学”的基本构想——我的写作大概都在“文学主题学”的范畴之内，即考察同一主题在不同历史时间的演化（“重复与差异”），就此而言，倒可以说是“有意为之”了。

李浴洋：记得您在主讲“沈从文八讲”时，每一讲会首先交代自己的研究方法，然后再说明这一方法的界限所在。您的这一举动让我意识到任何“方法”都是相对的。而我事后反思，其中蕴藉的或许还有您对于文本，以及“阅读”（当然也包括在此基础上的批评与研究）与“文本”的关系问题的怀疑。这就涉及一个老生常谈的问题，即文学批评与研究究竟更多是在“还原”还是在“生产”？在“方法”之外，我们是否还有接近与打开“文本”的可能？

黄子平：我在香港浸会大学给研究生讲过一学期基本失败的课——“研究方法”，对位阅读法啦，要素替换法啦。学生听得昏昏欲睡，然后说，不懂。洪子诚老师那本很有启发性的书《问题与方法——中国当代文学史研究讲稿》，将“问题”与“方法”并列，激励我们寻找解决“问题”的“方法”。在我这里，“方法”本身就是“问题”，方法根本就是问题的“创伤核心”。批评主体的“位置”就此凸显出来：在批评主体和文本客体之间，主体是被动的，客体才是主动的，主体“总是已经”承受来自文本的压力。因为文本的背后是“语言系统”（大他者），我们根本不知道那个大写的“他”想要我们做什么。不知所措。必须把每一次研究所采用的“方法”，都如实视为应“他”的指令而采用的权宜之计，一套随机应变的阅读策略。从根本上说，批评家就是一群如假包换的机会主义者。

李浴洋：最后是一个俗套的问题，但对于惜墨如金的您而言，或许并非“多余”：您接下来还有哪些研究计划？您认为在未来的中国现当代文学研究中，有哪些问题是亟待解决的呢？

黄子平：今年的初步计划是从历年的演讲里整理一本《十演讲集》出来。不过以我过往的“劣迹”，但凡公布过的计划，几乎全部“烂尾”。所以这回还是戴上口罩，不说为好。

（原载《文艺争鸣》2020 年第 3 期）

我经历过这些，所以我这样解读文本

访谈人：许晓迪[1]

批评家黄子平于1949年出生，是当代文学的“同龄人”。他亲历当代文学的诞生、发展与转型，但又因自身经历游离于边缘位置，书写出不同于正史的个体记忆。

今年（2020年）5月，汇编黄子平近四十年部分文章的《文本及其不满》由“活字文化”出版。该书转借弗洛伊德《文明及其不满》一书书名，从带着个体生命体验的海南插队岁月到北京大学的学生生涯，为读者先行勾勒黄子平个人肖像，进而借他独特的当代中国知识分子的视野，编排他在海内外不同时间发表的评论、讲演、访谈，从鲁迅、张爱玲、赵树理到汪曾祺、王安忆、黄春明，以此为读者展现另类阅读中国与中国文学的方式。

① 许晓迪，《环球人物》记者。

许晓迪：《七十年代日常语言学》一篇写了您在海南岛农垦兵团的知青岁月。那时除了劳动，知青之间有什么“知识活动”吗？大家会看什么书？讨论什么话题？山野之间有哪些您印象深刻的“风流人物”？最近一次与这些“难兄难弟”相聚是什么情境？

黄子平：严格来说，基本没有太多的“知识活动”。我很羡慕别的知青群落，有那么多的“白皮书”“黄皮书”可供阅读和交流，他们报出来的书单在我所处的山野是匪夷所思的。非常年代的阅读，渠道、资源等仍然烙上了那时的等级印记。我读的都是合法的出版物，领袖说要读点马列，就读了很多马列，连恩格斯的《反杜林论》和列宁的《哲学笔记》都读了；“评《水浒》”了，就读了一百二十回本的《水浒传》，顺便读了《红楼梦》，从“四大家族”的阶级剥削的角度读；买到李瑛（后来才知道他是49届北大中文系的“学长”）的几本诗集，间接接触到“民歌体”之外的新诗形态。总之是一个非常孤独的阅读状态，没有老师，也没有同辈的交流。跟有些知青回忆的那种生机勃勃的“知识活动”相比，我觉得我的情形会普遍一些。

许晓迪：“鲁迅”始终贯穿您的研究。从王富仁、钱理群到汪晖，很多人解读鲁迅都有一套自己的体系，您则一直坚持自己的“碎片化”，最近更具体到鲁迅的文化研究，他对脏话，对药和酒，对小脚等的关注。为什么感兴趣于这种似乎越来越“碎片”的研究？从中想引出什么问题？

黄子平：体系当然是我一直敬而远之的东西，但对鲁迅的阅读却不那么“碎片化”，通读《鲁迅全集》一直读到书信和日记，对别的作家我还真没有这么用功过。我从王富仁、钱理群他们从总体上把握鲁迅的努力那里也学到了很多很多。鲁迅自己为“短篇小说”“杂文”“连环画”这些碎片化的文体争取文化价值的时候，有一个很好的比喻：“不但巨细高低，相依为命，也譬如身入大伽蓝中，但见全体非常宏丽，炫人眼睛，令观者心神飞越，而细看一雕阑一画础，虽然细小，所得却更为分明，再以此推及全体，感受遂愈加切实，因此那些终于为人所注重了。”对历史碎片的态度，我更愿意引用本雅明的“历史哲学”：我们必须像黎明时分的拾荒者那样去搜集它们，这种收集，不是为了“装配”它们，而是展示它们，借此寻求经由碎片通往总体的可能性。

许晓迪：“批评之什”中选有两篇20世纪80年代的文章。您曾说过，批评的产生，很重要的因素是社团。那时的批评氛围是什么样的？在这样一个“文学共同体”中，有没有对您影响很大的朋友和前辈？

黄子平：我所在的文学77级有一个“早晨文学社”，办了一本油印杂志《早晨》，同学们推我当这个只出了四期的杂志的主编。我最早的评论，就是在《早晨》上发表的，评的是小楂的小说《最初的流星》。20世纪80年代的“文学共通体”（是“通”而不是“同”），我觉得人们之间有一种布朗肖所说的“无限交谈”，也就是说，已经不可能有一个权威的声音出来喝叫任何一个人闭嘴，同时每一个人的声音都得到了聆听。在这种氛围中，我从前辈和朋友中得到的教益真的无法列数。

许晓迪：“批评之什”的后三篇，讨论对象都是港台作家。您在香港的大学任教，开始最难适应的是什么？如何慢慢贴近那里的历史和文化语境？从 1993 年任教到 2010 年退休，对您来说，“边缘”的位置打开了哪些更宽阔的视角？

黄子平：在香港的大学任教，好像不存在什么难适应的问题，当然也可能跟我会说粤语有关系。除了教中国现代文学、当代文学，我还教了十几年的必修课“中国古代文学批评史”，还教了“古代小说批评”等这些我“专业训练”之外的课程，对我原来狭窄的学术视野的拓展助益良多。我还多多少少参与了“在地”的文学创作与批评，甚至有时会开玩笑地自视为“新南来作家”。对我这个自小浸润在岭南文化中的人来说，不会把香港文化当作“他者”或异质。回顾 20 世纪七八十年代，香港文化的“光辉岁月”，我觉得它在岭南的巨大影响和存在是被远远低估了的。你不妨设想一幅以香港为“中心”的“文化地图”，北边是广东广西，东边是台湾，西边辐射到北美的“唐人街”，南边是东南亚的华人区。“边缘”曾经是一种“学术时髦”，在“边缘”处吊诡地挤满了很多很多人。所以“边缘” 并不是与“中心”对立的僵硬位置，我说过，就广义的“阅读”而言，“边缘”只是表明一种移动的阅读策略，一种读缝隙、读字里行间的阅读习惯，一种文本与意义的游击运动。

许晓迪：新书中的《当代文学中的“劳动”和“尊严”》，还有之前讨论“革命历史小说”时，您会引入自己的个人经验，这不是现在常见的学术文章的做法。为什么会选择这种写法？有时候，对文本的解读会成为写作者个人经验、立场的投射，您如何把握其中的平衡？在处理中会有犹豫和挣扎吗？

黄子平：我觉得在人文学科（与“社会科学”不同）的写作中，个人经验的引入是应该鼓励的方法，前提是你有没有值得引入的个人经验。赵园和钱理群等学长反复提醒，说我们这一代学人，是严重先天不足的，理论素养不足，旧学基础很差，唯一可以依仗的，就是动荡人生所积累的体验，对社会、历史、世界、人和人性的某些独有的理解，以及由此而来的学术激情。如果连这点都不珍惜，那就真是一无所有了。当然，他们的个人经验，是写在学术专著的“后记”“附录”和“札记”里（我建议读者们仔细阅读这些珍贵的文字），我呢，有时忍不住，就直接搁在正文里头。另一方面，人文学科的写作，饱受“社会科学”的写作规条的束缚久矣，那种用数据和“统计学事实”来冷冰冰地说话的论文，真是受够了（也许人工智能将快速淘汰这一类专家和大师）。我一直想坦诚表明的是，我经历过这些，所以我会这样解读文本。如是我闻，岂有他哉。

许晓迪：据说在人大，学生给您起了个外号“黄三百”。这些三百字的书评，您印象中有哪些精彩的评论？这些年来，开设“沈从文八讲”、讲“中国当代文学”，学生们对某个文学问题的讨论，和您之间有“代沟”和偏差吗？还是有更多的共同语言和感受？

黄子平：为了推动学生直接阅读作品，在北大和人大讲“当代文学”的时候，我就规定了每个星期都要交一篇作业，字数不许超过三百字。学生习惯了长篇大论，一开始不会写短文，不会“攻其一点，不及其余”，不会“寸铁杀人”，到了学期中段，就越写越好。学会写精粹的文字，不说废话和套话，对当下的“中文人”来说，这比什么“创意”“新意”都重要。都说“一代人有一代人的文学史”，而我自己已无力打破多年来累积的陈词陋见，会希望听到新一代对经典作品的不同见解。不少学生是为了考研来修课的，记忆和掌握“标准答案”是他们的基本技能。我第一堂课就劝告他们不要以我的课堂内容去应试，而是以教材所说为准，否则考不上了不能怪我。结果呢，结果你就发现教材和标准答案的厉害了，就是穆旦的诗里说的：“那改变明天的已为今天所改变。”

许晓迪：在讲“同时代人的批评”时，您引述阿甘本的观点，认为不同的人选择不同的“古代”进入“当代”，比如洪子诚与俄罗斯文学，钱理群与鲁迅等。对您来说，您是通过什么样的“古代”，想进入一个怎样的“当代”？在您的阅读史中，有没有从生命经验上对您产生影响的人？

黄子平：我想还是会追随钱理群，从鲁迅的“现代”（“五四”）进入我的“当代”。和别的作家不同，身处当代的你无时不感觉到鲁迅的“在场”。鲁迅的幽灵（幽灵的意思就是不肯消失，无处不在），“纠缠如毒蛇，执着如怨鬼，二六时中，没有已时”。我引用过已故学长王富仁兄回忆他“少时读鲁”的叙述，说是前不久还是三好学生、优秀少先队员，读鲁迅之后，就开始看什么都不顺眼了，别人也看你怎么都不顺眼了（古人说的“一世不可余，余亦不可一世”）。这当然是我们这一代人共通的“生命经验”了。总之鲁迅的文字有“毒”，读之宜慎。

许晓迪：做学问、写文章，您时常反思和警醒自己的是什么？2010年后，您的退休生活大致是什么样的？最近在阅读什么？感兴趣的问题有哪些？

黄子平：“害怕写作”是我的座右铭，“可写可不写的，不写”——可还是免不了写一些应景的无聊文字，毫无法子。退休之后我实现了云游四海“挂单”教书的想法，先后在北京大学、中国人民大学等处客座，接触新一代的年轻人，从他们那里学到了很多很多。去年才发现读鲁迅而不读章太炎是不行的，就开始读章太炎，不太好懂，但是很有意思。感兴趣的问题很多，最近比较关注的是近代以来一直到当代的“方言写作”和“方言文学”。

（原载“澎湃新闻”，2020年5月7日）

从无边的独白中发起对话

访谈人：白雁①

白雁：谈谈您从事文学研究的经历。

黄子平：我本来是个“理科男”，中学时数理化的成绩颇佳，但下乡八年多，全部荒废了。恢复高考，仗着发表过几首“破诗”，斗胆报考中文系。结果一入校，听北大中文系的系主任杨晦老先生说，“中文系不培养作家，只培养学者”。其实不需“培养”，文学专业 77 级的很多同学（如陈建功、黄蓓佳），入学前就已经是崭露头角的作家和诗人了。大家还立了个“社”，叫“早晨文学社”，办了个油印杂志《早晨》（只出了四期），推我当“主编”。小楂（查建英）投了一篇小说《最初的流星》，我觉得写得好，就写了一篇评论，这应该是我写的第一篇文学评论了。不久又应北岛之邀，评

① 白雁，《现代快报·读品周刊》记者。

论他的中篇小说《波动》，发表在著名的油印杂志《今天》。后来我说“批评总是同时代人的批评”，它不是某种“项目”，也不是机构或老师布置的“作业”，更不是商业市场的“软文”，而是“同时代人”的文学感应和表达。我在好几家大学的中文系教过书，对杨晦老先生的中文系培养目标有所修正。中文系培养什么人呢？培养“专业读者”——经过“专业训练”的读者。在一个“意义”崩溃迸散的世界，太需要“专业读者”来寻找、创造和重建“意义”了。

白雁：《文本及其不满》中收录了《批评的位置》一文，我从中读出了您对当下文学批评界的一种焦虑，焦虑何来？如何缓解？

黄子平：其实我对“当下文学批评界”没感觉。

白雁：在您从事文学批评的四十年中，批评的位置有无改变？位置何在？

黄子平：批评现在找不着“位置”了，从前还可能有一种“地理中间物”的状态，一种鲁迅所说的“横站”的可能，如今荡然无存了。当然，一方面是全世界普遍的种种撕裂，到处要求非黑即白的站位；另一方面，世间瞬息万变的移位变形，让批评根本无从选择立足之地。

白雁：您对鲁迅的研究，角度很有意思。如果用简单的几句话概括介绍鲁迅的创作成就，您会怎么介绍？

黄子平：鲁迅是现代中国唯一直面生存深渊的作家，他看到了深渊，而且深刻表达了这种“看到”带来的战栗和恐惧。借用阿甘本对“当代人”的定义，鲁迅是洞察时代的黑暗面的作家，他能感受时代的黑暗之光，他像蘸墨水那样蘸着时代的黑暗写作。

白雁：在《同是天涯沦落人——一个“叙事模式”的抽样分析》中，您分析了从古至今文人与女性“邂逅相遇”的一种叙事模式。由此文联想到一个问题，在您从事文学批评的四十年中，女性在传统文学中作为被书写对象的身份已经发生了很大的改变，相当一部分女性变成了书写者本身，您关注女性的创作吗？可否略作评价。

黄子平：白居易这个自恋的文人建构了一个“天涯沦落人”的虚假的“同”，把自己的仕途坎坷投射到一个琵琶女身上，赢得千古读者一洒青衫泪。在这个叙事模式的一再重现后面，是一种文化的“结构性”积淀，这种重现还在继续。当然会有很多新的变奏，譬如这个男性叙述者，可能是一个老干部或者破产企业家之类，沦落女的变形花样就多了。王安忆的《长恨歌》彻底颠覆和消解了这个叙事模式，“上海小姐”占据主导视角，天涯沦落人是那个“老克腊”，绝妙。

白雁：您做了很多“重读”的工作，重读《小鲍庄》，重读林斤澜，重读汪曾祺，等等。您认为重读的意义何在？

黄子平：批评即重读。匆匆忙忙的阅读不是真正的阅读，文本仅仅印证了你的既有观念和偏见，你就心满意足，丢下这一本去读另一本，仍然是匆匆忙忙。重读的愿望来自文本的挑战，文本中有一些让你无法理解的东西，一些让你诧异的东西，一些让你很不舒服的东西，于是有了重读之必要。当然你会发现，值得重读的文本不多。

白雁：您关注当代的年轻作家吗？

黄子平：我不太关心作家的年龄或世代（老当益壮啦，天才少女啦），我的分类学是这样的：作家和好的作家；作品和值得重读的作品。

白雁：您的阅读特别关注文本本身，在意细节，这种习惯始自何时？对您有什么影响？

黄子平：文学读者都明白，情节可以一再重复、重演，唯有细节必须新鲜、独一无二。所谓“精彩的细节”，必须满足两个条件：一是有画面感，二是有心理深度。你无法对所有细节一视同仁，而那些精彩的细节让你触目难忘，甚至借此将某种“时代意义”凝聚其上，譬如鲁迅的闹市中背着透明的青色剑的黑衣人，或张爱玲那个在“脏而破的夜”中不能奋飞的蝶。

白雁：二十多年前您出版了《边缘阅读》一书，这个书名非常有趣。您曾说过，就广义的“阅读”而言，“边缘”只是表明一种移动的阅读策略，一种读缝隙、读字里行间的阅读习惯，一种文本与意义的游击运动，那么其意义何在？二十年来，您的观念有无变化？

黄子平：金克木先生在《读书》杂志有一篇短文《说“边”》，文中说，没有“边”，何来“中心”？对我大有启发。后来我又接触了俄国思想家巴赫金的“边界理论”，他说得更绝：人整个地生存于边界上。国内对巴赫金的接受侧重于“复调理论”和“狂欢理论”，其实这些都是从他的“对话哲学”里发展出来的。边界由于“他者”而存在，对话即由此发生。有两种“独白”都消泯了“他者”的边界，一种是皇帝的独白，我说了算，他者并不存在；另一种是奴才的独白，他者无边界地融入统一的主流意见之中。“边缘阅读”之必要，正在于从无边的独白中发起对话，或拯救对话。

白雁：2016年您发表《黄春明的传媒人及其尊严》，非常敏锐地关注到了传媒人和传媒领域的改革巨浪。又过了近五年，对如今的传媒现状（尤指新媒体对传统媒体冲击巨大的现状）及未来您有什么看法？

黄子平：我想你的问题都凝聚在如下的画面里了：那个“推特治国”的总统对提问的亚裔女记者很不礼貌地翻白眼——新媒体和传统媒体，种族，性别，地缘政治……我真的很希望有文学家在21世纪继续推进和拓展黄春明的主题，写出传媒人及其尊严面对的严峻情势。

白雁：中国现当代文学批评受西方文学理论的影响巨大，在读你的批评文章时，我感到，首先要理解西式的批评系统和表达模式，才能进入您的表达。对普通读者而言，这种批评比较生涩难懂，那它意义何在？

黄子平：是吗？一直有人夸我的文章平易近人，理论全都消化在通俗的表达里了呢。真是不好意思，看来我还得努力。不过从晚清开始，中国现代文学已经是东西方文化碰撞融合的产物，已经是歌德意义上的世界文学的一部分了，所以批评运用的理论资源来自东方还是西方，已经无关紧要。

（原载《现代快报》2020 年 8 月 16 日）

形式与历史

——关于《灰阑中的叙述（增订本）》的对话

对谈人：洪子诚、李浴洋、刘欣玥、李超宇

2020年6月11日，由北京大学出版社主办的“当代文学：形式与历史——黄子平新著《灰阑中的叙述（增订本）》线上分享活动”进行录制。受特殊情况影响，录制以网络连线方式完成。洪子诚教授、黄子平教授、李浴洋、刘欣玥与李超宇五人异地同时，围绕《灰阑中的叙述（增订本）》展开对话。“培文”的李书雅与周彬协助整理对话，特此致谢。

李浴洋：欢迎大家来到今天的活动。黄子平老师研究中国当代文学的经典著作《“灰阑”中的叙述》最近由“培文”策划，在北京大学出版社推出了增订本。根据安排，我们在此举行一场分享活动，在接下来的两个小时中交流阅读这本书的感受。今天应邀参加的有洪子诚老师、黄子平老师，以及两位青年学人——刘欣玥与李超宇。我们直接进入正题，首先请黄老师来谈一谈这一增订本“前世今生”的故事。

黄子平：各位好！出了一本新书，其实是一本旧书，而且是很旧的书了，是 1996 年在牛津大学出版社出的一本《革命·历史·小说》。我把“革命历史小说”用两个中圆点断开，变成一个书名，就是这本书。后来很多人觉得用中圆点把词断开构成一个书名好像很好玩，我也没有申请专利。1996 年这本书出来以后，我记得还给洪老师送了一本，正好洪老师在香港访学。我也送了一些给我的朋友，钱理群他们。钱老师说那本被研究生借去传来传去传丢了，让我再送一本。上海的朋友说他们拿回去拼命复印。我觉得复印很贵啊，听说有人当时每月工资只有八十元，竟然花了十几块钱复印这本书。有人就建议我在内地出一本。过了大概五年，这本书在上海文艺出版社出了一本简体版，书名是《“灰阑”中的叙述》，2001 年出来的。这本为什么改了书名？我觉得“‘灰阑’中的叙述”有很深厚的比较文学的背景，可以把好多文本都扯进来，比较好玩。上海文艺的这本书也是差不多二十年前的事情了。

到了 2018 年，牛津大学出版社的编辑说，我们要给你这本书出一本增订本，而且说要变成精装。我很高兴。我想，我这辈子还没有出过精装本的书呢。这个编辑林道群先生不仅是一个出版家，还是一个平面设计家、装帧家，他要重新设计这个封面。所以我就大大地修订了一番，换掉了一些附录，另外注释、正文都做了很多修订。但是我最高兴的，是洪子诚老师在《我的阅读史》里面有一篇文章讲到我，所以我跟洪老师说想把这篇文章作为这本书的代序，洪老师立马答应。这本书摇身一变，变成《革命·历史·小说（增订本）》。这本书好有分量，突然变得那么厚。出了一本这样的书我很满足，封面我也很喜欢。

有很多学生问我为什么不出简体本呢？我说有必要吗？他们就发给我一些信息说，在旧书网上，上海文艺出版社的那本被炒到了二百块。我不相信，他们又来刺激我说，不止，有的甚至炒到三百块。我大吃一惊，上旧书网去看，结果发现是真的。我觉得这太没道理了，十四块钱一本的书炒到这个样子。正好洪老师把这本增订本推荐给"培文"，就在"培文"出了简体版，"培文"的编辑书雅他们下了很大的功夫，现在这本书终于出来了。

听说这本书已经上架了，虽然我还没拿到，但是已经看到很多书影、封面等，还有一些评论，这是让我很开心的事情。一本二十多年前的书，到现在还能有人喜欢读，这很鼓舞我。

要感谢很多人，刚才都列举了。感谢朋友，也感谢旧书网给我的刺激。这本书的前世今生大概就是这样子，一本书变成了四本，改头换面，我觉得是很荣耀的一件事情。我先说这些，谢谢。

李浴洋：黄老师给我们讲述了这本《灰阑中的叙述（增订本）》从最初的1996年版一直到今天的2020年版的整个历程，其中有书缘，也有人缘。刚才黄老师谈到这本书是由洪老师推荐给北大出版社出版的，那么就请洪老师跟我们谈一谈为何要推荐黄老师的这本书。

洪子诚：今天是推荐黄子平的书，主要由他来讲，另外特别高兴有两位年轻学人来贡献他们的意见。我主要讲一下认识黄子平，和他交往的过程。第一次读这本书应该是1996年香港牛津大学版。我有一个学生在香港岭南大学任教，1997年请我到那边访问。我们在许子东家里有一个聚会，有黄子平跟他太太张玫珊，还有陈顺馨。这是子平1990年离开北大以后我们第一次见面。他当时送给我两本书，一本是《革命·历史·小说》，另外一本是《边缘阅读》。回来以后我都认真读过。

刚才浴洋问我为什么要推荐这本书，其实很简单，因为在中国现当代文学、文化研究中，这是一本重要的书，我从里头得到很多启发。我1999年出版的《中国当代文学史》里，在"十七年"部分对黄老师书里的观点有多处引述。这本书我有三个版本，独缺上海文艺版。各版收入的文章有一些调换，字句也会有改动，版式装帧也有改变。让我好奇的是，香港牛津的两个版本都是黑色封面，这次北大版的却是鲜红的；这构成了对比。不过内容整体应该没有什么不同。我认真读的是1996年的版本，我的印象一直停留在它上面。

推荐这本书有两个简单的理由，一个是它处理的是很重要的问题。在中国，革命、战争从19世纪末到现在都跟我们关系非常密切，不光改变了文学，也影响到我们的心理、情感和语言。这个问题仍然是现实问题。另外是，如果用大家常说的话，这本书，在文学研究和文学批评上，它不仅关注文学文本说了什么，而且特别关注怎么说。在这里，内容是一种有形式的内容，形式是一种有内容的形式。小说如何处理、叙述革命历史，而革命历史又是如何影响、改变小说的叙述方式。这些说起来容易，道理也人所皆知，但做得好真的很难，我也没有做好。这就需要找到一个进入的通道——也许是“暗道”。这个通道自然不只有一条，这是对批评家知识、语言敏感、感触时代问题，还有想象力的综合检验。一百多年来，革命、进步、发展、转折的急迫，挤压了文学的自主性，削弱了文学内部的评价机能，我们是在“形式虚无主义”的环境里长大的。从这些方面看，这本书是一本值得我们借鉴的参考书。

李浴洋：洪老师的介绍言简意赅。刚才两位老师都谈到这本书有多个版本，如果是第一次拿到这本书的朋友，可能听上去会被绕晕了。我以很简单的方式跟大家说一下2020年的北大版究竟“新”在哪里。

这个增订本是2018年在香港出版的《革命·历史·小说（增订本）》的简体版，它和1996年的《革命·历史·小说》与2001年的《“灰阑”中的叙述》相比，首先是增加了洪老师的一篇比较长的序言。在这篇序言中，洪老师谈到了对于黄子平老师整个学术道路与学术风格的理解，当然也有对于包括这本书在内的黄老师的几本代表作的非常精准的评析。这篇序言在某种程度上是一篇导读，方便大家可以更好地进入这本书。

书的主体部分一共分为十章，前面五章是刚才洪老师谈到的，大概在20世纪40到70年代，我们对于革命历史的叙述，出现了许多精彩的小说，黄老师对这些小说进行了分析，既分析它们的文本特征，也分析它们和当时具体的历史情境之间的关联。而后面五章，我开玩笑说可以算是此书的“外编”，其实是黄老师把“革命历史小说”这一概念放在一个更大的背景——20世纪中国文学的脉络中考察的尝试。他讨论了鲁迅的《故事新编》、巴金的《家》、丁玲的《在医院中》、王安忆的《小鲍庄》以及西西的《肥土镇灰阑记》等文学史上的重要作品，让大家看到这个概念不仅是我们认识一些特殊的文本对象时好用的工具，也是我们理解20世纪中国文学的一种重要的方法与视野。增订本还有一个很新颖的地方，即补充了黄子平老师的一篇长篇访谈，其中有他对于自己学术道路的清理，还增加了前些年黄老师在中国人民大学任教期间和那里的学生进行的一次课堂讨论，那次讨论完全是围绕这本书展开的，对这本书里很多隐而未发的话题做了延伸。我形容这个增订本是一本很立体的书，不仅包括这本书最初内核的部分，而且一层一层地加上了很多精彩的内容。

今天我们不光请到了黄老师和洪老师，还请到了两位青年学者——刘欣玥和李超宇，他们两位最近都为这本书撰写了书评。今天特别把他们请来，想让他们为大家做一个导读。他们作为年轻一代的现当代文学研究者，在阅读这本书时自然会带有他们的新的关怀。

刘欣玥：在20世纪80年代登上当代文学研究舞台的青年学人中，黄老师最早以文学批评为人所知，并以其对语言的敏锐感觉，开一代形式批评的风气之先。1990年，黄老师告别求学与执教多年的北大，淡出内地文学批评圈，开启了辗转海外并最终落脚香港的学术后半生。这一被视作“自我边缘化”的空间转移，赋予黄老师一种萨义德式的知识分子视界，也见证了他从文学批评转向文学史研究的学术调整。香港牛津大学出版社 1996 年推出的《革命·历史·小说》是黄老师对中国内地“革命历史小说”系统性研究的成果，2001 年由上海文艺出版社引入内地后更名为《“灰阑”中的叙述》。2020 年，北京大学出版社推出《灰阑中的叙述（增订本）》（“灰阑”的引号被悄悄摘去），加入黄老师的长篇访谈及其与人大师生的课堂讨论。二十余年的出版小史背后，那个被新潮美学与诗性精神所充盈的 80 年代并未在他 20 世纪 90 年代以后的学术研究中隐去，相反，80 年代的批评演练，结构－解构主义理论趣味，关注文学形态与革命、政治之间的互动关系的问题雏形，都在以“重读”为核心的“革命历史小说”研究中得到延续。

如果说从批评转向文学史研究是《灰阑中的叙述（增订本）》的纵向坐标，那么始自 80 年代中后期的“重写文学史”思潮则构成这本书不容忽视的横向坐标。将文学史从对社会政治史简单的依附中独立出来，以人性、审美与文学本体性为根基，寻找全新的叙述框架，是 80 年代思想解放运动的有机环节。“重写文学史”作为一个口号被正式提出，来自王晓明、陈思和老师 1988 年在《上海文论》开设的专栏，但广义的“重写”试验，早在 1985 年钱理群、陈平原、黄子平三位老师提出“二十世纪中国文学”时就已开始。1991 年，“重写文学史”专栏在海外复刊的《今天》杂志上重开，赓续 80 年代未竟的“重写”议案。黄老师一手编辑组稿，一手撰文，收录在《灰阑中的叙述（增订本）》的数篇文章均初刊于《今天》，其中就包括影响较大的重读丁玲《在医院中》的《病的隐喻和文学生产》。1993年，这个专栏中最具代表性的一批文章入选唐小兵老师主编的《再解读：大众文艺与意识形态》，开启了冲击内地学界的"再解读"思潮。

从80年代的"二十世纪中国文学"，到90年代海外《今天》的"重写文学史"专栏，再到"再解读"研究思路，这些都可以被纳入一个广义的"重写文学史"潮流之中。在这个大的"把文学史还给文学"的研究转向里，每一步黄老师都躬身参与，从未缺席。这批怀有共同关切的"同时代人"跨越海内外的对话、交锋，反思"革命历史"叙说的求索，则构成孕育《灰阑中的叙述（增订本）》的时代土壤，可以说，这本书正是"重写""重读"的大时代脉动一步步催生出来的产物。

《灰阑中的叙述（增订本）》选择以20世纪50至70年代的"革命历史小说"为考察对象，实际上出自对一套曾经看似牢不可破的"经典化"历史讲述规范的反诘。根据书中的定义，这种小说类型曾经承担了将刚刚过去的"革命历史"经典化的功能，讲述革命的起源神话、英雄传奇和终极承诺，以此维系当代国人的大希望和大恐惧，证明当代现实的合理性。在这本书最初面世的时候，这种回归历史去深度揭示"文本中被遗忘、被遮掩、被涂抹的历史多元复杂性"的做法，是颇具有挑战既定历史想象秩序的颠覆性意义的。

黄老师曾直言不讳对于"文学史"存在的不信任，信奉"文学史只是一种特殊的文学批评"，故而他的"重读"也呈现为"读碎片、读字里行间、读缝隙"等高度个人风格化的写作方法。无论从事何种文学研究工作，批评从来都是黄老师的当行本色。黄老师从语言符码的缝隙入手，提炼出“时间”“身体”“性”“宗教修辞”等关键词，出入于英雄族谱、绿林传奇、言情小说、家族神话与成长叙述等多元汉语写作传统，剖析当代文学想象与终极信仰的生产机制，也提供跳出既定的文化－权力结构，另辟想象的路径。值得一提的是，酝酿《灰阑中的叙述（增订本）》的80年代末恰逢莫言《红高粱家族》等新历史主义小说崭露头角，国家意识形态的松动让种种祛魅的、狂欢化的另类革命叙述争相涌现。这样的文学场气候，也为黄老师对50至70年代“经典化”革命叙事的重新解读，留下了一份“里应外合”的时代见证。

黄老师生于1949年，有时被人称作共和国与中国当代文学的同龄人。《红岩》《林海雪原》《青春之歌》等“革命历史小说”，本就是给其成长留下深刻烙印的启蒙读物。从海南农场的知青劳动，再到新启蒙话语兴起的80年代北大求学，可想而知，亲历了当代历史的剧烈错动之后，新旧叙事给当事人制造的混沌、断裂与困惑。因此就不难理解，为什么黄老师要把《灰阑中的叙述（增订本）》视为“对少年时期起就积累的阅读积淀的一次自我清理”“自我精神治疗的产物”乃至激起“同病相怜者”的不断共情——在书中反复出现的“疾病的隐喻”也被用到了自己身上。正因为一代人的心病与历史境遇，方才有了一代人的“重读”，一代人的自我诊断与自我疗愈。个中艰难，正如谢冕老师所说：“我们经历着无休止的因文学的蜕变而带来的不同观念、不同思维方式的冲撞与折磨，我们不得不以充分的耐心承受着历史的重负所给予的无尽的磨难。”

曾经创造了秩序的革命历史故事，已然成为与一代人的集体信仰、情感结构深度纠缠的“病”与“药”。因此对黄老师而言，“重读”从来不是封闭在纸面上的语言游戏，也不是纯粹对象化的学术研究，它一直在与过往的阅读训练的紧张关系之中展开，并不断指向对自身的记忆、欲望、价值体系的怀疑与质询。如何在革命承诺的乌托邦消逝的年代重建精神秩序，如何在大历史神话坍塌以后，再次找到一种言说与想象历史的能力，或者至少，如何赋予阅读行为以新的意义与价值指向？

在《〈故事新编〉：时间与叙述》一文中，黄老师与鲁迅生命经验的深刻共鸣，或可视作这种孜孜不倦的“重读”行为的自问自答。黄老师之所以格外关注“回忆”，之所以对“旧事”“时间性”有精细入微的玩味与剖析，正因为“过去”能够刺痛当下，解答未来的焦虑。“重构历史、诠释传统、新编故事，便也正跟个人性的回忆一般，是为了理解现在和未来，理解自我，理解生命的意义和人的生存处境了。”这段话说的是鲁迅对儿时阅读经验的重新整理，却也是黄老师的自况——对年少时“革命历史小说”的“重读”，何尝不是他自己的“朝花夕拾”与“故事新编”呢？

收录在书中的同名作《灰阑中的叙述（增订本）》，是黄老师对香港作家西西《肥土镇灰阑记》的研读。从《圣经·旧约》中的所罗门王巧断夺子案，到元杂剧《包待制智勘灰阑记》，再到布莱希特《高加索灰阑记》的戏剧改编，“两母夺子”的故事原型在东西方世界广为流传。但人们向来只看到舞台上血缘孝悌的伦理之辩与断案者的英明智慧，却很少注意到那个被抢夺的孩子。西西在《肥土镇灰阑记》第一次让那个孩子开口说话，打破了风暴中心千百年来的沉默。黄老师进而从中发掘出“灰阑中的叙述”的意象，赋予身处边缘的弱者以发声的位置和意义。

对于这个故事里“黄口小儿”的发现，恰如黄老师面对“革命历史小说”时一贯的敏锐洞察，见他人所不见。越是习焉不察的角落，越是容易被匆匆翻过的缝隙里，越有可能藏着难以被主流话语顺畅消化的另类声音与异质品格。就如同他在《林海雪原》《保卫延安》《烈火金钢》等作品中，读出理应不见容于无神论意识形态的顽强的民间宗教信仰（《“革命历史小说”中的宗教修辞》）；在巴金用“脱离枯树的绿叶”对《秋》的解释中，读出古怪意象背后的社会生物学想象与青春崇拜（《命运三重奏：〈家〉与“家”与“家中人”》）。“灰阑”是以一种声音压抑众声喧哗的边界，却也源源不断地对灰阑中的人闪烁着凭借“叙述”以自救、以澄明主体性、以跳出“灰阑”的诱惑与希望。

更进一步说，国人对于“发声”的文化寓言从来都不陌生，“灰阑中的叙述”恰似鲁迅著名的“铁屋中的呐喊”在20世纪末乃至今天的历史回响。无论是“捣毁铁屋”，还是“挣脱灰阑”，二者都关涉一个现代中国与中国文学如何“发声”、如何启蒙、如何自救这一远未终结的命题。在《〈呐喊〉自序》中，鲁迅想象少数清醒的先觉者发出大胆的、战斗的呐喊声，试图唤醒铁屋中沉睡的人，以争取捣毁铁屋的微茫可能。近百年后，黄老师笔下的“灰阑中的叙述”显得更为温和，却自有一种拒绝沉默、对人生与历史质问到底的清醒和坚守。在最新增订版的书名中，“灰阑”的引号被抹去。

如果说曾经“打上引号”的举动，是为了不无反讽地强调，那么如今“摘掉引号”，则暗示着更多曾经被遮蔽、拒绝的声音被重新放了进来。即使无处不在的“灰阑”已成为一个常态化的文学与文化困境，但只要灰阑内外有关真理的论辩与对话仍在继续，这些声音就仍有被听见的希望存焉。这种与鲁迅异曲同工的“反抗绝望”的姿态与动力，正如黄老师自己所说：“在无往而非灰阑的世界上，大声疾呼显得滑稽；智性而温婉的话语，才有可能具备持久的内在的力量。”

李超宇：《灰阑记》的故事想必人们早已耳熟能详，在古今中外的诸多改编版本中，黄老师注意到了一篇似乎并不那么著名的《肥土镇灰阑记》。在西西的这篇作品中，那个任人摆布和撕扯的孩子在“灰阑”中突然开口说话，英明的包大人瞬间变得愚蠢而可笑。黄老师对这个情节击节赞赏，更执着地把它作为自己的书名。之所以不愿取一个更博人眼球的名字，不是出于自负，大半是因为无奈。黄老师清醒地意识到：“在这灰昧昧的年代，何往而非‘灰阑’？”“那么，这本书所讨论的种种，便也可能只是‘灰阑’中发出的微弱声音罢了。”从构思、写作到出书，作者明白自己一直处在“灰阑”之中，他的写作一如西西的写作，似乎并不能改变什么：“微弱的声音能改变灰阑外的世界、改变公堂上权力者们的意愿吗？或者，能够帮助弱小者挣出灰阑吗？”西西在小说中一次次地鼓励主人公走出灰阑，用“文学”给“新闻”作注的写法也在努力挑战“虚构”与“纪实”之间的界限。在黄老师看来，灰阑中的孩子说话，也是“那些由‘高音喇叭’发布的言辞必不可缺的‘诠注’”。但问题是“灰阑中弱小者的话语常常轻易地被权力者打发掉了，即使是英勇的‘反注释’，也照样纳入那法力无边的‘大注释圈’中，消失得无声无息”。

黄老师不无悲观地预设了自己著述的命运，但并没有因此放弃叙述，在解读鲁迅《故事新编》的一章，有一节题为“叙述以反抗‘绝望’”，大概可以视为黄老师的自况：“他比别人都更充分地把这一‘叙述使命’跟个人的生命体验融为一体，从而借此在语言异化和历史困厄的双重危机中，探询生命的意义和人类生存的境况。叙述成为静夜中的一种挣扎，成为‘明知前路是坟而仍是走’的写作实践。”“灰阑中的叙述”同样令人感到绝望，但黄老师最终还是赋予其肯定的意义：“灰阑中的叙述是对沉默的征服，是对解释权的争取，是凭借了无数‘参考书目’和人生体验，提出一个基本的质询。”

那么，如何能让“灰阑中的叙述”尽可能地避免被“法力无边的‘大注释圈’”消解？在黄老师看来，鲁迅的写作正是对这个“大注释圈”的反抗。在《补天》中，鲁迅写下了杀到女娲尸体旁自称“女娲的嫡派”的禁军。黄老师感慨道：“一旦故事的阐释行为被事先编入故事时，后世的故事阐释者便无法逃脱故事对他的永恒嘲讽。作者已死，作者死后已失去对作品的控制，作品却代替他向‘谬托知己’而争正统的阐释者实施报复。盗墓者将冒被墓道中的暗箭射杀的危险。”也许是意识到了这种危险，黄老师对鲁迅的读解显得小心翼翼，这一章更多的是在客观地描述和总结鲁迅“油滑”“引语叙述”的叙事策略，而少有自己的论断。不过，对于 20 世纪 50

至70年代产生的“革命历史小说”，黄老师的论断渐渐多了起来，似乎是因为“在当代政治环境中，这种‘油滑’叙述策略是‘革命历史小说’无法理解，也不能接受的”，所以阐释反而变得“安全”起来。黄老师扎实的理论素养和敏锐的洞察力在“革命”“历史”“小说”之间纵横驰骋，运用鲁迅式的笔法，将“红色经典”对革命历史的建构和阐释行为一一暴露在读者面前。或则通过细读发现文本的矛盾、杂糅、暧昧之处；或则用作家的创作谈来解构其创作——无论是人物原型和作品形象的巨大差别，还是写作出版经历的数次删改，都对那个年代文学的“真实性”标准提出了根本的质询；或则使用西西的“反注释”手法——如洪子诚在代序中引述的伊格尔顿的话：“一个作品与意识形态有关，不是看它说出什么，而是看它没说出什么。”正因为发现了“革命历史小说”改写、遮蔽、删削、简化了本来复杂的历史图景，黄老师才要将它们没有说出的部分一一注出，把文本的缝隙扯得更宽，让读者看到“性”“宗教”“江湖”等范畴与“革命历史小说”之间复杂而微妙的关系。

黄老师坦言，本书的写作是一次“自我精神治疗”，是“对少年时期起就积累的阅读积淀的一次自我清理”，不过这种治疗肯定不是丁玲或陆萍式“治疗”。对他们那一代人来说，“革命历史小说”那种不容置疑的权威性和“正典性”形成了一种精神上的“灰阑”，黄老师的“自我精神治疗”，更多包含了从这“灰阑”中突围的渴望。突围有向前和向后两种“突法”，向前他看到了茅盾等小说大家未能完成的巨著：“或许那些表面上结构完整的文本恰恰向我们自身掩盖了某些重大的不完满，或许20世纪以来那些始终未写完的‘长篇小说’，反而铭记了我们在这天翻地覆的年代里，安身立命的悲剧性挣扎吧？”向后则看到了20世纪80年代，以莫言为代表的对“革命历史小说”的颠覆：“‘土匪’从意识形态的兵营反出江湖，一时间遍地英雄下夕烟。”“江湖”的另类生活方式，至今仍在支撑着民间“突围”的想象。黄老师在后记中说自己写这部书的动因之一在于他和钱理群老师、陈平原老师一起提出的“二十世纪中国文学”概念“把‘新时期文学’（1979年）看成‘五四文学’（1919年）的一个‘螺旋式上升’阶段，有意无意，在这种‘文学史框架’的理解中，‘社会主义现实主义文学’（1949年）被遮蔽了”。《灰阑中的叙述（增订本）》补齐了50至70年代的文学，但“二十世纪中国文学”隐含的价值判断仍存在于叙述的字里行间。50至70年代的之前与之后，都被给予了更高的评价，寄以更高的希望，而以蔑视和嘲讽正典为旨趣的新的作品，人们会不会期待它们，最终反讽地堂皇进入新的当代文学正典呢？其实，不管人们是否期待，这一类作品在今天已然“堂皇”地进入了当代文学史，甚至成为“正典”。然而一旦成为“正典”，新一轮的“蔑视和嘲讽”便会接踵而至，只是这“嘲讽”来得并不那么愉快而酣畅淋漓，黄老师注意到：“在20世纪末的中国，科层组织化日益普泛的现代工业社会已俨俨然成形，逸离土地的农民弟兄们要么涌入‘三资’企业成为廉价的劳动大军，要么流窜都市边缘成为‘严打’不绝的‘流氓团伙’（‘黑恶势力’）。……红高粱神话二次坍塌。”解构了50至70年代神话的那种狂欢式的喧哗，如今又一次被解构，只是解构它的不再是喧哗，而是现实。黄老师指出：

“（鲁迅）那一代写作者既参与摧毁了旧的‘宏伟叙事’，从包围他们的碎片与素材中重编新故事的使命，亦别无选择地落到他们肩上。”而今，旧的“宏伟叙事”被再度摧毁，“重编”的“新故事”却没能像鲁迅那样在“风沙扑面，虎狼成群”的境地下站稳脚跟。文学究竟何去何从？置身当代的学人似乎都很难给出一个让多数人都信服的答案。

黄老师终止言说的地方，正是我们生长的年代。王国维说“一代有一代之文学”，黄老师说“一代人有一代人的文学史”，而读《灰阑中的叙述（增订本）》，则让人感到“一代人有一代人的灰阑”。如今，“红色经典”早已不具备压抑性的意识形态权威，对于已经真正成为历史的“革命历史”和“革命历史小说”，年轻一代的读者显然已不会有置身其间者那样的紧张感，可以用更轻松、平和的心态来面对它们，或许反而能从这些作品中发现并获取元气淋漓的精神资源，以突破自己这一代人所置身的“灰阑”——尽管如黄老师所言，这种突破可能只是“在想象中”完成的，但是“这种愿望的存在就已经很重要了”。在我接触到的一些青年学生中，有不少人说自己读《红岩》《青春之歌》时感到热血沸腾。在文学已经边缘化的时代，一部几十年前的小说还能够“颇激动了一部分青年读者的心”，证明它还是有可观的价值和魅力的。对“红色经典”的情感动员方式，黄老师有所分析但相对来说比较简短，其实对于“自我精神治疗”而言，这个问题可能是更重要，也更值得探讨的，毕竟它们在刚刚产生的年代就已经让遍布全国的读者为之激动了。

面对的灰阑不同，但突围的方法是相同的，在“反注释”的叙述之外，黄老师贡献的另一个方法就是“重读”：“或许，倒是因为坝蜿蜒着，碑耸立着，叙述和重读才不得不一再进行……”这句话道出了文学研究者的宿命，也正是文学研究的生命力和魅力所在。

李浴洋：谢谢欣玥与超宇的发言。洪老师和黄老师作为两位享有盛誉的学术前辈，今天的同台是一个非常难得的机会，而围绕《灰阑中的叙述（增订本）》，也围绕两位老师的研究，我也想到一些问题想借这个机会提出来，向两位老师请教。一会儿我们也邀请超宇和欣玥加入这个过程中来。

首先我想问的一个问题是，黄老师在另外的场合回忆过1982年至1984年间在北大中文系跟随谢冕先生攻读当代文学专业的研究生时，曾经上过洪老师关于当代诗歌的专题课，而洪老师在自己的第一本著作——1986年出版的《当代中国文学的艺术问题》中，也有向黄老师致谢的话，所以我很好奇，两位老师在20世纪80年代有过怎样的交往，特别是在学术上有过怎样的互动？想请两位老师谈一下。

黄子平：洪老师是我的老师，这不是一般的尊称，我真的是上过洪老师的课。那时候上课很好玩的，洪老师讲当代诗歌，张钟老师讲当代小说，非常谦和和宽容。我们这些毛头小子在那里放言高论，他们听了也不皱眉头，所以我们特别放肆，只有在那时候可以这么乱讲。洪老师还是我的领导，我留校在北大中文系的当代文学教研室待过几年，洪老师是教研室的“头儿”，所以也是我的老领导。洪老师对于我一路的鼓励和扶持，这是感激不尽的事情。后来我还看到洪老师在一些课上或者在会议上发言的时候，会引用一下黄子平，不过多数都是引用我讲过的一些笑话。洪老师记得我讲过的笑话，别的他都不记得。这说明我的笑话还是蛮有点可引用性吧，我还是很得意的。

洪老师不承认是我们的同代人，其实我这个“同时代人”不是按年龄来划分的，而是对于时代具有同样感受的一种标志。刚才超宇、欣玥都讲到我们在 20 世纪 80 年代怎样进入文学批评与文学史研究，一个非常重要的背景就是他们反复提到的“重读”和“重写”，其实重读、重写都是同一个意思。还有就是“反思”，这是从思想上、哲学上来说的。

大家都知道那本叫《再解读》的书，其实“再解读”这个书名是我建议的。当时他们想了很多很长的名字，我说你们要学就学毛主席，毛主席在 1958 年的时候改掉了《文艺报》的那些啰唆的题目，说就叫“再批判”——多么干脆有力！“再解读”其实就是“重读”的意思。这几乎就是 80 年代的一股潮流，表面上是一个动词，反复出现，但是它是一个思潮，希望人们对于习以为常、已经没有感觉的东西，可以重新读出它里面的各种缝隙和矛盾。

浴洋说这次交流的主题是“形式与历史”，这正是我得益于洪老师最多的地方。洪老师做新诗史几十年，新诗不光是一种新的体裁，同时还是用来处理一个时代的情感，或者几代人的情感的表达方式。它时刻要显露诗意，来安排这些句子、词语、修辞与想象力。这些全部都在他的研究里头。刚才说到洪老师的第一本书就是讨论当代文学的艺术问题的。

为什么在80年代那么重视文学里的艺术形式？有一个非常重要的哲学上的背景需要重新提出来，那就是我们这一代人在那时候的哲学视野里，有三个人的名字是一起出现的，第一个是青年马克思，第二个是萨特，第三个是康德。别的哲学家还来不及出现（说80年代的思想界全都跟着美国走，那不是事实）。为什么这三个人首先出现？因为他们三个的理论共同点与我们当时的问题意识密切相关。因为历史处境的相通，那时我们跟随了东欧的哲学家、知识分子的思路（譬如南斯拉夫的"实践哲学"）。洪老师最近做的一系列研究也与此有关，他讨论"无边的现实主义"，讨论"解冻文学"等，都跟这一脉相承。

青年马克思主要是研究人类学的，他的早期著作《1844年经济学哲学手稿》，里面提到最重要的一个概念就是"人的类存在"。萨特很重要的观点是"存在先于本质"（"存在主义是一种人道主义"）。萨特的思路直接来源于康德。康德的那句话，大家都抓得很准——"人是目的"。这三个哲学家全都聚焦于人的存在，对于建设一种人道主义的社会主义（"20世纪80年代的乌托邦愿望"），构成非常迫切的理论资源。

我特别要提到康德，因为我们知道80年代有一个"美学热"。美学在全世界都是极冷僻的哲学分支，但在80年代的中国突然非常热闹，大家都在讨论美学（而现代哲学的两大热门一直是政治哲学和认识论）。当然，他们是重提20世纪五六十年代的"美学大讨论"，朱光潜、蔡仪、宗白华、高尔泰，最重要的是李泽厚。李泽厚就是讲康德，他在干校里面写了《批判哲学的批判》一书，出版以后影响很大。当时“美学热”，可以看到全国各个大学都在成立美学教研室，招美学研究生，这是一个很有趣的现象。

这跟刚才我们讲到对于形式的重视是直接有关的。康德的一个很重要的观点是“我们要在非功利的时候才能欣赏美”，这对于功利主义和庸俗社会学是一个极大的反拨。康德的所谓“非功利的判断力的批判”可以借用现象学的说法。我们在面对所有的对象的时候通常同时具有三种态度，也是三种判断：首先是认识论的（“纯粹理性”，是与非，科学）；其次是伦理的（“实践理性”，善与恶，道德）；第三是审美的（“判断力”，美与丑，艺术）。那么，怎样才能做到这三种判断分离呢？必须把其他两个判断先放到括号里面去或者打上引号，然后我们才能做好其中的一种判断，这是康德的哲学方法之一，后来也被现象学延续。

举个例子来讲，比如解剖学。人体解剖其实一点都不美，而且道德上是有问题的（“受之父母，不敢毁伤”）。但你为了求真，你为了对于人体的结构有一种科学的了解，就必须把道德的考虑、审美的考虑放到括号或引号里头去。其实审美也是这样的，我们如果不把功利的东西或者道德批判的东西先括起来，那也是做不到审美的。譬如鲁迅的《墓碣文》，你不要问“尸骸开口说话是真的吗”，也不要说“画面阴森可怕没有传递正能量”，我们才有可能审美地鉴赏一首散文诗的艺术之美。

现在很多人在回顾80年代对于艺术、对于审美的重视的时候，以为这是逃避现实。其实完全不是，这恰恰是一种非常严肃的判断力的批判。那么问题在哪里呢？我们不但需要学会打上引号，还必须同样学会把引号摘去。打上引号以后有利于我们突出审美，突出艺术分析，但是不能老在引号里头，还是要把伦理判断或者认识论重新放进来才行。这是非常困难的，但又是应该做的事情（李泽厚用了一个“积淀说”来历史地解决这个摘引号的难题）。洪老师在80年代的时候曾经提过一个设想，就是要写文学形态史——“形态”和“形式”一字之差，其实后面是同一个想法。刚才洪老师也说了，形式是有内容的，内容也是有形式的，怎样把两者结合起来分析文学作品是我们需要认真探讨的。我自己做过一个关于短篇小说的艺术发展的研究，那是做得很匆忙的一篇论文，后来也没有接着往下做。但我们可以看到80年代大家有这种想法，有这样一种想要凸显文学的审美层面的努力，而且这种努力其实是带有非常严肃的批判的姿态在里头的。我先说这些。

李浴洋：谢谢黄老师。刚才听黄老师的发言让我想到，大家也许知道，十五年前黄老师出过一本书，也带火了一个词，叫“害怕写作”。后来黄老师可能怕大家误解，所以又写了一篇文章，叫《喜欢阅读》。《喜欢阅读》里面有一句话：一本书总是通向另外的书。刚才黄老师讲的是他和洪老师的个人交往史，但我们能感觉到这也是一个从一本书通向另外的书的故事。他从马克思、萨特、康德通向李泽厚，再通向洪老师，再通向他自己，其实他给我们展现的是20世纪80年代的文学思潮背后的精神资源的出处。还是这个问题，关于两位老师当年的互动，我们也听一下洪老师的讲述。

洪子诚：黄子平是77级的，后来我知道他的家乡是广东梅县。梅县离我老家揭阳其实不远，但那里是讲客家话。我和张钟老师几个人第一次上当代文学课，就是给77、78级上的。当时，编教材谁写什么，上课就讲什么。“当代文学概观”的教材我写诗歌和短篇小说两个部分，上课就讲这两个单元。回想起来，我当时讲得并不好，但黄子平他们对老师很有礼貌，课上还是很认真听的样子。其实我是个不合格的老师，往往上一个学期课，也认不得几个学生。但黄子平当学生的时候我是认识的，这很偶然。1979年，广州的《花城》杂志到北京来开组稿会，因为我在《花城》1979年第2期发过一篇文章，编辑便邀我参加，同时让我找黄子平。他住在32号楼3楼西边的大房间里，和十多个人合住，好像还有陈建功。脏乱就不用说了，男生宿舍嘛。这是第一次见面。本科毕业后他和从外校考进来的季红真、张志忠当了谢冕先生第一届硕士生。1983年，我在中文系开设“近年诗歌评述”的选修课，谢老师要他们来听课，他们不得不来，听了一个学期。因为研究生还要教学实习，他们就在我的课上各讲一次。记得季红真讲的题目是“在传统的轨道上延伸”，讲的是在美学风格上被认为偏于“传统”的诗人，雷抒雁、张学梦、骆耕野他们；张志忠谈的是当年诗歌思潮的哲理化倾向；黄子平侧重分析后来被称为“朦胧诗派”的诗人的写作。中国当代流行色彩美学、色彩政治学，20世纪50年代有“拔白旗插红旗”的说法，“红专”“白专”，还有皮红里白的萝卜式的“假红”。黄子平也用色彩来描绘北岛诗的特质，说他的诗是坚硬、黑色的。当时北岛正受批判，被批虚无主义、悲观主义——这两个“主义”

那个时候可是很严重的。黄子平的回应是，北岛是以否定来表达肯定，理想主义是他的支撑点，这是北岛与“西方现代派”最大的不同。这和骆一禾（他当时也选修这门课）后来提交的作业关于北岛的论述是相通的。骆一禾说，北岛在黑色的冷峻批判中表达的是“创世纪”的激情。北岛的批判否定导向两个方向，一是“更高原则的人道理想”，另一是“诉诸感性生活的体验”，“使社会免于成为抽象物”。记得骆一禾的文章还引了《马太福音》第三章的一段——施洗约翰看到法利赛人和撒都该人也来受洗，便对他们说：现在斧子已经放在树根上，凡不结好果子的树，就砍下来，丢在火里……我是用水来给你们施洗，但那以后来的，他要用圣灵与火给你们施洗。骆一禾说，北岛的诗期待的是一种决绝的社会、精神的变革，不通过“火”的洗礼就不能重生。

这自然是那个时候的一种历史观，持这个认识的人那时都未能预见后来发生的一切。不过，骆一禾所说的“处在生活的网结里挣脱网结的强烈激情”，也就是 20 世纪 80 年代末黄子平阐述的“灰阑中的叙述”。只是由于性格、知识、历史境遇的差异，黄子平对受限个体的历史可能性的分析更加深刻，而且也一直没有认同、接受北岛早期的那种叙述上的高昂音调。

在 80 年代的“读书热”中，相信黄子平读了大量的书。有时候他也告诉我在读什么。给我印象比较深的有两点。一个是他心宽，心理承受力强，接纳的范围很广，包括那些并不受认可的、公式化、没有多少艺术性、在我看来相当无聊的作品（包括电影电视剧），他说可以看得津津有味。这是我做不到的，是我的一个缺陷：让自己的经验局限在一个小圈子里。另外是他既密切关注、跟踪“潮流”，也保持一定距离。刚才他讲到青年马克思、萨特、康德，这在 80 年代是思想文化界阅读的热点，但他也读“非主流”的书籍，譬如苏联罗森塔尔主编的《马克思主义辩证法史》。罗森塔尔是著名的苏联哲学家、文学批评家，编《简明哲学辞典》，也曾是苏联著名的《哲学问题》杂志副主编。不过在 80 年代，中国读他的书的人恐怕不多，而现在如果说起罗森塔尔，许多人会认为是在说美国心理学家，或者德国的足球运动员。三联书店在 20 世纪八九十年代出了一系列国外的学术著作，有两个系列，一个是“学术文库”，一个是“现代外国文艺理论译丛”。大家跟踪的都是欧美论著，但黄子平也认真地读了苏联卡冈的《艺术形态学》——比起韦勒克、沃伦的《文学理论》，在 80 年代相信没有多少人读卡冈。黄子平关于中国现当代“体裁”等级的论述，推测是受到这本书的启发。文学体裁、样式的形成，存在于现实的审美实践之中，并历史地存在着。大家谈到黄子平的批评的时候，都喜欢用“边缘”这个词。“边缘”不只是空间的，如他后来旅居国外和香港，而且是心理的——一种将事物暂时“中性化”搁置的分析、批判的态度。

李浴洋：谢谢洪老师的讲述。不知道刚才洪老师提到黄老师和《花城》杂志的渊源，黄老师有没有需要补充的地方？

黄子平：我在海南岛当知青的时候偶然写了几首诗，惨不忍睹的抒情诗，后来我就被广东人民出版社的文艺室借调去当编辑，当时他们缺人手。这个文艺室是后来的《花城》杂志的前身，所以我跟他们那些编辑都很熟。我在那里当过一年的临时工，所以他们最早到北大来组稿的时候都是我安排他们住在北大的男生宿舍，当时《花城》也没钱，但是后来他们发达了就没有什么联系了。

洪子诚： 记得当时开的那个座谈会是在前门的新侨饭店，黄子平还有没有印象？很多当时风头正健的作家和学者都参加了。我记得有王蒙、林斤澜、刘绍棠、从维熙、谌容等，还有高行健。吃饭时，谌容见到座上有一个不知道从哪里钻出来的人，眼睛看着我偷偷问一旁的高行健。

黄子平： 我基本上忘了这件事了。当时自己有这个资格去新侨饭店开会吗？我有点怀疑。

李浴洋： 我们现在把洪老师和黄老师最初交往的情况搞清楚了。刚才洪老师虽然谦称说他做老师的时候不记得学生的长相，但我们发现洪老师很清楚地记得学生做过的作业，还有他们读过什么书，这是比记得长相要更认真、更负责的。而且经由洪老师的讲述，我们也能够理解他的学术为什么一直很有活力，这是因为他跟年轻一代之间始终保持互动。

接下来我想问洪老师一个问题。您的第一本书《当代中国文学的艺术问题》的讨论对象跟《灰阑中的叙述（增订本）》其实是有重叠的，用今天的话说，两者都是对于20世纪50到70年代文学的研究。后来您继续在这个领域用力，1999年出版的《中国当代文学史》里面公认的最有分量的部分，也是您对于50到70年代文学的一种创造性的解释。《中国当代文学史》中专门有一章讲到“革命历史小说”，但我发现您虽然用了黄老师的“革命历史小说”概念，但具体的分析方式却和他不同。您是努力地把这样一种小说类型与它的写作实践事件化。其中具体讨论了三个个案：一是《红岩》是如何生产的，一是以孙犁的作品为代表的另类的革命史叙述，还有一个是围绕杨沫的《青春之歌》发生的论争。您没有像黄老师这样主要以文本，或者通过形式层面的分析来展开论述，您的考虑是怎样的呢？

洪子诚：许多人都指出过，我的那本文学史的不足是文本、形式分析不够。这是能力的欠缺造成的。前面我说过，好的文本分析是很难的，如果我们不是落入一般的情节、人物性格的那种套路的话。我对形式的敏感度较低，而且阅读量也还是偏小，这阻碍我从比较中获得对文本的有效的突破点。当然，也有另一方面，确实当时有一种自己不很自觉的“事件化”的历史叙述冲动。“当代文学”和我的生活是同步的，而且是我生命的一部分。在20世纪八九十年代的将近二十年间，我也读了大量资料，知道“当代文学”和“新文学”其实有很大不同，我要呈现这种延续中的差异。加上当时对“当代文学”的作品，特别是“十七年”时期的作品在“文学性”上不大信任的态度，这种种因素导致那种叙述的方式。所以，我讲了文学制度问题，作家身份的重大改变，讲了题材发生的变化——我记得黄子平说过，给国务院设立什么部，就有什么文学，这是过去没有的。有工业部，就有工业题材；有农业部，就有农业题材（不是过去的乡村小说）；有国防部，就有军事题材；有石油部，就有李季的“石油诗”。讲《三家巷》，主要是讲通俗小说在当代的境遇、命运；讲赵树理，则是从评价史来观察“新文学”与“工农兵文学”之间的关系，它们发生的摩擦……这种处理方式，有所得，也有所失，这是当然的。

黄子平在多处场合质疑文学史的可能和必要，而我一直在做文学史，这是要让我没有饭吃啊。不过，我其实很赞同他的说法。在现在的情况下，传统的那种文学史确实遭遇大量难题，事实上它的必要也值得怀疑。1998 年，也就是我的《中国当代文学史》出版的前一年，北大为研究生和访问学者组织了一个讨论课，讨论 20 世纪 90 年代的文学 / 文化问题。记得拟定的题目有陈思和先生提出的“民间”“潜在写作”，唐小兵主编的论文集《再解读》，女性文学和孟悦、戴锦华的《浮出历史地表》，《学人》杂志和思想、学术的关系，汪晖的研究和《无地彷徨》，再有就是黄子平的《革命·历史·小说》——那时上海文艺的简体字版本还没有出来，我的那一本有许多人复印。可以看出，我们关注的已经不是“文学史”能容纳的范围。这个课其实折射了一种趋向，以批评来为“文学史”扩容，也让文学史来为“批评”增强现实感和深度。所谓“扩容”，包括方法的采用，也包括对于原先处理的“文学”对象的突破。

李浴洋：谢谢洪老师。在“革命历史小说”的研究上，洪老师的《中国当代文学史》和黄老师的《灰阑中的叙述（增订本）》采用的是不同的处理方式。不过这不等于洪老师不关心形式问题。他在诗歌、短篇小说，甚至在当代戏剧方面，都有一些很精彩的见解。刚才黄老师也提到，在20世纪80年代的时候洪老师还关注过文学形态学的问题。我们今天活动的主题是“当代文学：形式与历史”，既然洪老师已经把话题讲到了这个地方，我想再请黄老师说几句。

刚才黄老师谈到自己在80年代的学术起步阶段就有对于审美和形式问题的敏感。我记得过去在北大听您讲课的时候，您说过一句话，叫作“所有的证据都在文本里面”。我们今天一再提到，您非常重视文本。我尝试把您对于文本的态度，概括为“在信与不信之间”。因为您一方面对于所有文本都首先采取不信任的态度，然后开始从正面看、从侧面看，甚至从背面看，直到看出文本的“秘密”来。另一方面，您的研究如果与同代学者相比，又体现出一种对于文本的执着，比如他们可能更习惯直接运用历史的材料或者批评的材料，而您的研究则始终“信任”文本本身。这种对于文本既“信”又“不信”的态度，是您有意为之的吗?

黄子平：我其实特别佩服洪老师他们能够做材料的研究。他们手里有材料，同时又重视材料，像“材料与方法”“材料与问题”“材料与注释”，什么都能和材料结合起来。我的短板就是材料，因为我有过敏性鼻炎，所以到图书馆去看那些没人看过的堆满了灰尘的东西时就很狼狈，拼命地打喷嚏，涕泗横流。当然，这是一种借口。做这方面的研究确实不是我擅长的东西，所以我只好退到文本里头，抓住文本不放。我自己还是有点“感官的敏感”和“语言的敏感”的，对此我倒是有点自信。但也有陷阱在里头。因为文本如果离开了它的语境，离开了产生它的文学生态机制的话，就有可能孤立起来，变成一种一厢情愿式的解读，所以也不能太自信。

对于文本的仔细的解读（贴近的细读），在中文系或者在文学批评界来讲，我觉得一直发展得不够。我们太早地把“新批评派”的细读方法“超越”了，或者说把它抛弃了，这是有问题的。为什么要“重读”呢？通常我们对于一个文本读一遍是不会有什么感觉的，所以一定要读第二遍。但这里就有一个问题，值得读第二遍的文本并不是太多。

李浴洋：谢谢黄老师的回答。可能除了我有问题以外，欣玥和超宇也有问题。

刘欣玥：非常感谢两位老师的分享。我有一个关于疾病的隐喻的问题想请教子平老师。“疾病的隐喻”不止一次出现在您的这本书里面，其中影响最大的是《病的隐喻和文学生产》。在2001年的沪版后记中，您把这本书称为“自我精神治疗的产物”，是“对少年时期起就积累的阅读积淀的一次自我清理”，这句话也一直被您和很多研究者反复提及。这里的“自我精神治疗”也用到了疾病的隐喻。但是我好奇的是，既然说到了“自我治疗”，肯定首先有一个对于自己病痛、损伤的“诊断”。不仅如此，您也曾说过发现了很多跟您同病相怜，有同样迫切需求的“患者”。那么这个地方的“病”指的究竟是什么？我曾经把它理解为您自己和少年时候的阅读训练、阅读习惯之间的紧张关系，但这样一种紧张关系是群体现象吗？今天有机会当面向您请教，特别想再问一下，从少年时候读这些书，到逐渐形成比较清晰的对于“病”的自我感知，这样一个“清理”和治疗的诉求是什么时候出现的呢？

黄子平：欣玥的问题特别好。在我的人生中有一个年头是非常重要的，就是1971年。我在一些回忆文章中也提到这一年，那个场景给我很大的刺激：在大片的胶林里，全团几千人在那里听文件传达，大家一点动静都没有，你甚至可以听到橡胶树的叶子掉到地上的声音。这是一个……用理论一点的说法就是“自明性世界的丧失”。原来所有的事情都是不证自明的，世界就是这样的，而这个世界在这一刻丧失了。当然，这个自明性的世界之所以形成，跟我们少年时期对于“革命历史小说”等的阅读是有关系的，所以我们曾经以为非常清楚地知道历史是什么，现实是什么，未来是什么，世界是什么，而且借此也知道自己是什么。但在这样一个自明性的世界丧失的时刻，借用刚才的说法，“自我”被打上了引号，“客观存在的世界”也被打上了引号，两者之间恍恍惚惚失去了联系。这是一种“精神分裂”状态，所以有人说精神分裂者是天然的现象学家。跟现象学家很大的不同在于，现象学家会摘引号，这样他就又可以回到自明性的世界里头去，但精神分裂者不知道，也没法摘掉那个引号，所以始终是模模糊糊的、浑浑噩噩的状态，其实蛮可怕的。

我觉得我们这一代人一个总结性的经验概括就是北岛的那首诗《回答》。通常我们会盼望得到一个积极的、肯定的答案，但是北岛的很决绝的回答就是“我——不——相——信”。他的“我——不——相——信”要说的是什么东西？就是怀疑，而且不是怀疑个别东西，是怀疑总体的图景，整个图像。这种怀疑严格来讲就是病态的。“多疑”，我们说鲁迅是多疑的，疑神疑鬼，这就是一种病态的情形，就是自明性世界的丧失。弟子们以为“思”是很棒的事情，要“三思而行”，“三”就是多，孔子说别别别，“再思可矣”。怀疑一切，怀疑到最后只剩下一样东西不能怀疑，就是“我正在怀疑”这件事情——“我思故我在”，在这种意义上，笛卡尔是最早的一个精神分裂患者（后来很多人纠正笛卡尔，说应该是“我思故我不在”或“我在我不在处思”，都想证明你一开始“思”，就把“在”打上引号了）。我读《五灯会元》，佛子们问得最多的就是何为“我佛西来意”。师父被问烦了，当头棒喝：“吃完饭洗碗去！”我们需要想办法找回自明性的世界，或者想办法把不应该永远放在那里的引号摘掉，这就是我说的精神治疗。当然这里说得比较哲学一点，但要解释为什么《灰阑中的叙述（增订本）》的写作是一种精神治疗，是必须提到这个层面上才能讲得通的。

李浴洋：刚才黄老师讲到不但要学会把引号打上，还要具备能够摘掉引号的能力。如果有心的读者，可以发现《灰阑中的叙述（增订本）》2001 年第一次在内地出版的时候，“灰阑”两个字是有引号的，到了 2020 年北大版，引号就被黄老师摘下来了。超宇，你有没有问题要问黄老师？

李超宇：我也想问一个和“自我精神治疗”有关的问题。刚才黄老师回答得比较哲学一点，我问得可能比较感性一些。我感觉黄老师在书中谈到“自我精神治疗”的时候，可能更多还是用了比较外部的视角，好像没有像鲁迅那样把自己“烧进去”的感觉。黄老师也提到“革命历史小说”从诞生之日起就引起了全国范围的阅读热潮，我想知道您当年是不是也被这些作品所吸引？如果是的话，黄老师又如何看待这样一些小说的情感动员方式，以及它可能产生的积极或消极的作用？我们看到当下文学可能有一个边缘化的趋势，是不是也和情感动员能力的匮乏有关？这个问题与您的个人阅读经验相关联，可能也是“自我精神治疗”中的一个必要环节，所以很想听听黄老师的看法。

黄子平：洪老师的《中国当代文学史》里面最精彩的一章就是讲《红岩》的生产机制的。我记得《红岩》刚出版的时候，我爸早上四点钟起床到县城的新华书店排了三个钟头的队，去买这本书。这本书是畅销书，盛况空前。如今已经很难想象，不知道谁的书还需要四点钟起床去排队买。买回来以后大家都抢，我们家四个孩子争着读，读了都非常激动。包括后来改编成电影、歌剧，这一整套的生产，用超宇的话说就是“情感动员”。《红岩》的动员为什么成功？因为它讲的是黎明前最黑暗的时候，黑暗和光明的生死搏斗。光明和黑暗这样一种非常鲜明的对比、反差，以及那种壮烈的牺牲，都是非常激动人心的。洪老师把这种情感动员的生产机制研究得非常透彻了。

超宇说的“情感动员”，让我想起最近又重读的马克思的“政治经济学”。我对“分配”这个概念比较感兴趣，所以既关心情感是怎样被动员起来的，又关心动员起来以后是怎样分配的。用法国思想家朗西埃的说法，这是一种“感性的分配”，也就是告诉你什么是可以感知的，什么是无法感知的，什么是有意义的句子、有意义的文本，什么是噪声、杂音。所以无论共同体也好，国家机器也好，不光在物质上，或者实体上、经济上进行分配，在感性上、感觉上也做这种分配。分配当然是一件很有意思的事情了。所以只讲生产是不行的。我们以前的研究只讲生产机制，这个文本怎样制造出来，怎样印刷，怎样流通，但对于分配的讨论还比较少。只讲劳动，讲生产，还只是“国民经济学”，把分配讲进来，才是“政治经济学”。

超宇说到当下文学失去了它的情感动员的能力，或者边缘化了，我觉得是新的分配形式、新的分配形态的出现带来的问题。你只要看资源、资金或者资本往什么方向涌就可以看得很清楚。侦探小说里一个很管用的建议就是“follow the money”。这方面的研究还应该继续深入，在当代的艺术也好，文学也好，或者别的媒介也好，这样一种分配状态是怎样产生的，怎样进行分配和再分配的，怎样在非常复杂的循环里头再展开的，这些都是值得讨论的。

李浴洋：谢谢黄老师的回答。刚才欣玥和超宇的问题都是从黄老师的书中一个很重要的概念——“自我精神治疗”——谈起的，不知道二位是否还有其他问题借这个机会请教黄老师呢？

刘欣玥：我还有一个问题想请教子平老师。黄老师对于“革命历史小说”的“重读”，始终是以“当下”作为对话对象的，每一次历史剧烈变动的时候，激活历史上的一批作品以回应当下的焦虑。从20世纪80年代一直到90年代中期，您的写作也跨越了十年甚至更久的时间。您在《革命·土匪·英雄传奇》一文最后也提到了对20世纪末一些现实问题的关切，比如科层化的现代工业社会的全面到来、流动的打工群体的城乡身份归属、扫黑除恶的问题等，我认为它们都内在于一个更大的90年代以来包括中国在内的世界形势的剧变。

关于您在北大求学和任教的80年代，那个“精神的80年代”，我们已经谈了很多，所以今天想请子平老师和我们聊聊90年代。《灰阑中的叙述（增订本）》回应了您身处的90年代的哪些焦虑，以及为什么要用“革命历史小说”回应90年代或者20世纪末的这些问题？更进一步说，从您写作的20世纪八九十年代一直到今天，“当下”也一直没有停止变动，如果抱持着研究历史、研究历史小说是为了和当下对话，不断激活“当下”的立场，在您看来这些已经被反复重读过的文本和小说，它们是否依然具有活力？能否再次刺痛今天乃至未来的新的问题？

黄子平： 我最近有一个觉悟，我一直把历史看成是一个过程，多多少少把历史抽空、抽象了。所谓三个维度——过去、现在、未来，其实都是很抽象的。为什么我说这是一种抽空的做法？因为我们不太提身处历史中的主体。我们在20世纪80年代基本上都中了结构主义的毒，去主体化，觉得主体是过时的概念。现在我感觉特别需要把历史看成是一个有主体的历史。

我们可以借用另外一个概念——“他者”。什么叫过去？过去就是死去的他者。无数的先辈已经死去了，死去的“他者”跟当下的“他者”的一个最大的区别，就是他们已经不能说话了，他们已经说完他们的话，或者他们不再说话。他们是沉默的“他者”。这一点跟未来的主体，未来的“他者”是相通的，未来的“他者”则是来不及说话，还没有说话的。他们有说话的可能，但没有说话的现实。所以我们这些身处当下的人，要意识到过去的“他者”的存在，也要意识到未来的“他者”的存在，尤其是后者。比如我们现在经常讲到环保的问题、气候的问题，其实后边一个非常重要的理念是你怎样跟未来的“他者”对话。只看到当下是非常狭窄的，而且经常被局限在一个共同体内部，比如民族、国家，根本不理睬另外的共同体，更不用说跟历史上的“他者”或者跟未来的“他者”去对话，去为他们负伦理上的责任。这样是有问题的。

欣玥说到我这本书虽然是 20 世纪 90 年代初写的，但其实已经触及一些趋势性或者苗头性的事情。我当时匆匆忙忙地把它们写在文章的后边，显得很有当下性。我觉得有一些主题是像幽灵一样反复地出现、困扰我们的，始终没有消失。比如我最近感受最深的是语言暴力的问题，我在书里一些章节也有提到语言的暴力。由于现在新媒体或者新的技术具有影响交往方式的可能性，语言的暴力变得更严重和更突出。这些都是我们即使面对历史，面对重读了很多次的文本的时候，也会意识到的。的确有这样一些反复出现、挥之不去的幽灵性的话题。

李浴洋：谢谢黄老师的回答。我们今天围绕着黄老师的《灰阑中的叙述（增订本）》已经不知不觉分享了两个钟头。洪老师、黄老师以及两位年轻朋友从各自不同的代际经验与生活体验出发，分别谈了他们对于这本书的理解。

在今天活动的最后，我想说的是，黄老师这本书叫作《灰阑中的叙述（增订本）》，而这个春天绝大多数朋友不得不在家中或者很小的活动范围里面，所以对于黄老师书中所讲的“灰阑”，此时此刻应当会有更为真切的感受。黄老师的这本书，在专业上可谓是必读的，如果你想了解当代文学、了解当代历史，也是很值得看的，更重要的是，在今天的背景下，它对于我们思考当下生活的意义和可能性也会有启发和帮助。

感谢四位嘉宾的出席，也感谢大家的参与。我们的活动就到这里。

（原载《文艺争鸣》2020 年第 10 期）

文学批评的位置

访谈人：林峥[①]、刘盟赟[②]

2020年上半年，著名批评家黄子平睽违多年后的一本书《文本及其不满》在国内出版。今年（2021年）恰逢黄子平老师在中山大学珠海校区担任讲座教授，海晏河清之时，“活字文化”邀请青年学者、中山大学中文系副教授林峥一起就“批评的位置”与黄老师展开一场迟到的对话。

这场对话，与其说是对新书的讨论，不如将它看作对批评之未来的期许。他们话锋所及从批评的诞生到对批评的不满与切肤之痛；关涉的作家、作品，从国内到海外不一而足。黄子平老师曾说，批评总是同时代人的批评。面对林峥、面对现场“00后”的学生，两代人甚至三代人的批评又该如何展开？

---

① 林峥，中山大学中文系副教授。

② 刘盟赟，时任“活字文化”编辑部主任。

刘盟赟：首先要感谢来到现场的这么多读者，其中也有黄老师的学生。我是黄老师这本书《文本及其不满》的编辑，“活字文化”的刘盟赟。

请允许我介绍一下两位嘉宾老师，一位是著名的文学批评家黄子平老师，一位是青年文学批评家、中山大学的林峥副教授。我们今天这个活动将围绕黄老师这本书，其实大家看到的这本书，是在去年出版的，虽然它是一本已经出版了一年的书，但是对于我们这场活动来讲，它可能是一本新书。因为在正式出版之后，我们没有做过任何一次关于这本书的分享会，这本书其实是黄老师这么多年的文学批评，包括他的个人经历的精选集。

我们今天这个活动，其实是围绕黄老师作为文学批评家的这个身份，关于一些文学批评的思考展开的。我们的主题叫“批评的位置”，那么后面主要的对话会围绕批评家的位置、批评家和作家之间的关系，以及批评家如何来选择文本等一些问题展开，具体的话题将会由林峥老师和黄子平老师以对话的方式来展开。

现在话不多说，我们先把话筒交给林峥老师，由她跟黄老师进行对话，谢谢大家。

批评的诞生以及批评者的位置

林峥：很高兴今天能够跟黄老师同台对话，当然，我起的功能类似从前戏剧里头的“得胜头回”，就是在大戏前面有一个小戏，我主要是起到抛砖引玉的作用，请黄老师上台来唱主角。

我觉得很有缘分，刚才讲到黄老师这本《文本及其不满》，他在 2019 年出了试印本的时候，在北京有一个活动，我当时是在广州教书，特意从广州飞到北京，作为听众去参加。那个活动有黄老师，还有钱理群老师、陈平原老师、赵园老师等。所以说今天这个活动，很有幸跟黄老师一起，就是念念不忘，必有回响。

今天我们的题目叫作“批评的位置”，这个题目我觉得起得特别好，其实也是黄老师这本《文本及其不满》中一篇文章的题目。

我自己把它分了分层次，我觉得“批评的位置”大概有三层意思：首先是批评者他自居一个什么位置，这也是黄老师经常会谈到的比如“边缘”的问题；第二层是批评者和作者之间的关系；第三层，就是批评在当代社会的位置。所以今天的对谈我也想主要围绕三个层次来展开讨论。

那么首先就是“批评者的位置”。黄老师自己经常谈到，其他的学者讨论黄老师的文学批评的时候也常常谈到有关“边缘”的问题。比如黄老师把鲁迅的“历史中间物”改成叫作“地理中间物”，还有谈到萨义德的“out of place”，也就是格格不入、无家可归。这样的一些说法，我觉得也是黄老师自己的夫子自道。这种地理中间物，它既是一种写作策略上的、精神上的位置，也是一种身体的、地缘的位置。

我觉得“边缘”的问题其实也挺有意思，什么叫边缘？它是相对于中心来说的，有边缘，是因为有中心。但是怎么看中心，怎么看边缘呢？就取决于你站在什么位置，用什么样的视角来看，你觉得哪里是中心，才能觉得哪里是边缘。我觉得这个可以以一个和黄老师很有关系的城市——香港，来举例子。黄老师是从海南到北京，在北大读书，在北大教书，后来又在20世纪90年代去了美国，之后又回到了香港，很长一段时间在香港居住、生活、教学。

香港在很长的历史中，在中国传统的社会当中处于一个边缘的位置，包括它所处的更大的整个南粤地区，以前只要有官员被贬就贬到这边来，然后大家觉得这个地方好多瘴气。在那个时候，人们认为它是边缘，是因为我们在中国的版图，把帝都作为中心，那么自然，香港、整个南粤地区就是处于边缘。但是近代以来，当我们向外发现了世界以后，换一个位置看香港，它又变成了和外部的世界接触的前沿。所以我觉得黄老师的批评也给我这样一种感觉。我想先讲这么多，抛砖引玉一下，请黄老师您来谈谈，我再接着谈。

黄子平：谢谢林峥老师。认识了很多年，终于有机会跟她谈一下。今天很高兴大家来跟我们讨论去年做的一本书，这是第一次对这本书做公开的活动。当然之前有一个试读本，是两年前的11月，在北京有过一个试读本的“大型”讨论。

那么这本书，大概我自己最满意的就是它的封面，而且很多朋友也说你这封面设计得很好。这个封面是我妻子拍的一张照片，你看，这跟林峥刚说的“边缘”是有关系的。这是边城，是沈从文的边城。

其实它的名字叫茶峒。我们去的那个地方真的是边城，是三省交界的一个地方，湖南、贵州、重庆三省交界的地方。江的岸边打了一个很大的招牌，叫作“一锅煮三省”，有一家很牛的饭店。

这张照片是有故事的。那天下着大雨，所以艄公不肯渡我们到那个江心岛。你们看过电影《边城》的话，就知道渡到对岸去的船，是用一根长长的竹缆，不是用桨。艄公在船上，用竹缆把你渡过去。当然现在用的是柴油发动机和螺旋桨了，21 世纪了嘛。那天因为下雨了，水太大了，所以我们只能够远远地想象江心岛上面那个雕塑，翠翠的一个雕塑。你现在看，远远的那个白色的就是黄永玉的作品，我们只能远远地想象。后来很多去过江心岛的朋友说"远远地想象"好，比真的看见那个雕塑要好很多。为什么呢？也许是因为到如今也只有抽象的雕塑比较可看了。

这个边城很有意思，当地想要给它改名字，把茶峒改成"边城镇"，这是没有文化是吧？茶峒这个名字多好，"边城镇"，不伦不类。但是你可以想象文学对现实的影响。本来文学是对现实的模仿，但其实经常反过来，现实开始模仿文学。那天去茶峒的路上，有一条岔道，岔向永顺县的一个镇，谢晋的电影《芙蓉镇》（根据古华的长篇小说改编）是在那里拍的，但是岔道上的招牌打的标语，不说谢晋，只说刘晓庆，说刘晓庆拍过的电影。那个镇的名原来叫王村，2007 年改成芙蓉镇了。旅游资源嘛，情有可原。镇上满街都是米豆腐店，据说最正宗的那家叫"刘晓庆米豆腐店"。文学和现实、旅游和地方文化、想象和虚构，全部编织成一个符号网络，这是我们做文学批评的人最感兴趣的了。

所以这里面就要问到一个问题，批评起什么作用？就是刚才林峥讨论的，批评家可能会参与到这个网络里，来讨论这样一些文化现象，但我们先要探讨文学批评是怎样产生的。我一直很固执地认为，批评的产生是跟文学社团有关系的。我们昨天在深圳的覔书店讨论海外的左翼文学，里面有一本书《浮游群落》，它讲的是20世纪60年代荒凉的夜台北，那些文艺青年的活动，里面就讲到两个文学刊物，一个叫《新潮》，一个叫《布谷》，“布谷鸟”的“布谷”。那两个文学刊物，立场、观点都不太一样，但是都很愿意发表批评，发表对电影的批评，对当时的文学思潮的批评。这些志同道合的文艺青年，在社团里面有共同的文学理念，有一种目标，有一种归属，所以他们会做文学批评。这个文学批评，不是我们现在的刊物约稿或学术研讨会的论文征集，或者老师布置的作业等，不是的，而是小伙伴们有东西要发表出来，要抒发出来。我觉得这是真正的文学批评的产生，或者是文学应该发声的这么一个地方。

如今，至少在大学校园里，还是有文学社团，也办刊物，有作品，但是文学批评很少。细分到不同的体裁，我发现比较繁荣的是诗歌和诗歌批评。什么原因？诗人总是有很多主张，诗人对诗歌有很多自己的理解，所以大家有一个很强烈的愿望，宣告我写的诗才是真正的诗，别人写的都不是诗，在我之前写的那些诗已经过时了。所以他们有表达自己的那种愿望，会去评论小伙伴们或者直接评论自己的诗，夫子自道。所以诗人比较有想法。这是很有意思的一个现象，就是说他们会发表诗歌宣言，会主张什么样的诗是纯诗、真正的诗。你们对比一下就会发现，像散文家他不会发表什么散文宣言，他不会说我写的散文才是真散文，因为散文很重要的理念就是“随便”，写出来的都叫散文。相关联的现象，文学史上诗人自杀的比较多，很少听说散文家自杀是吧？散文家都比较随和，能够跟各种各样的风格相处，相安无事。所以现在能够在社团里面读到的文学批评往往是有信念有追求的激烈的诗人写出来的。

那么小说家就比较惨，本来写小说已经累得半死，很少有人写一篇评论来评论别人的小说，或者把自己的小说自我评论一番。那些社团里面其他小伙伴们干什么去了呢？据我的观察，考研究生去了。考上研究生以后，以前是导师不让你研究还活着的作家，所以不巧如果你喜欢某一个还活着的作家的话，就天天做梦梦见在一个月黑风高的晚上，一把匕首，不知怎么插在你研究对象的胸口。这样来一下，这个研究对象的书会很好卖，然后论文的合理性也就建立起来了。

现在好了，现在老师允许你做还活着的作家，但是你去研究这个作家的时候，你写的东西不叫评论，那叫论文，或叫作业，而且被导师要求改这个改那个，改得都不像你自己要说的话。所以小说家就很孤独，他写出来小说以后，那些小伙伴们不理他，他们读研究生去了，读完了硕士读博士，读完博士读博士后，最后就读傻掉了。这话说得很夸张，可是所谓“傻掉”是什么意思呢？他就失去了对小伙伴们的那些小说的敏感，就不知道他的同时代人要表达什么。所以我们现在就看到“批评的消失”或者“批评的不在场”，这是一个我自己觉得很伤感的事情。

回忆当年我的第一篇评论，我们那时候在北大成立了一个“早晨文学社”，有一个同学，“小楂”查建英，她现在已经是用英语进行非虚构写作的知名作家。当时我们那一届的学生年龄差很大，她正好比我小十岁，我们是同一天生日。她写了一篇小说，我觉得很棒。然后我跟另外一个当时已经是作家的同学——陈建功，就在一起讨论这篇小说如何如何棒，如何还可以更棒。睡上铺的一个同学正好买了一个录音机，那时候录音机像砖头一样，叫“砖头机”。他在那里摆弄他的新玩意儿，不小心把我跟陈建功的讨论录下来。但是他的录音机实在是太破了，根本听不清楚我们两个讲什么。小楂使劲拍那部砖头机，我就说，不如写一篇评论吧。这就是我的第一篇文学批评，就这样子产生了。所以我就变得很固执，觉得文学批评就应该是这样产生出来，而不是刊物组稿，或者老师布置。所以，批评者的位置同时就这样显现出来，就是说，你是跟那些小伙伴们一起为文学发出声音的人。

“同时代人”的批评

林峥：其实黄老师刚才谈到的，也是黄老师经常在思考的一个问题，就是“批评是同时代人的批评”。刚才黄老师讲的时候也让我想到——因为以前我是在北大读书，也就是黄老师曾经教书的地方——北大的文学研究的特点是，它的现代和当代是分开来的，所以我以前是现代文学专业的。就是1949年以前的叫现代，1949年一直到现在的叫当代。我到了中山大学教书以后，发现中山大学的中文系，“现当代”是合在一起的，所以我现在既要教现代文学，也要教当代文学，而且我有很多同事是研究当代文学的。我第一次跟研究当代文学的同事和一些青年作家一起吃饭的时候，我的感受是非常震撼的，就是他们的研究对象是活着的。这个感觉对我一个研究现代文学的人是非常奇怪的。因为我研究的对象，他们都已经仙逝很久了。研究对象是否还生存着，以及对象和自己的关系（是不是认识的，是不是很亲密的），我觉得会影响我们做研究、做批评时候的位置，或者说下笔时候的一些考虑。

我自己其实觉得今天没有资格来跟黄老师做对话，因为我是没有做文学批评的，我以前大部分做的是文学史的研究，所以今天也是向黄老师学习和请教的机会。黄老师刚才讲到，批评现在其实是在渐渐地边缘化和消失了。我觉得我们今天对话的现场特别具有象征性，就是有很多的小朋友来来去去，我们在上面讨论一些好像很学理性的话题，小朋友也不一定听得进去。好像有一种启蒙的当代隐喻。

其实批评还是存在的，只是它变成一个很学院化的东西。我记得上次在北京的"同时代人的文学与批评"讨论会上，贺桂梅老师就说，现在视"文学批评"为"文学表扬"；吴晓东老师也说，黄老师的书的题目叫"文本及其不满"，现在恰恰不是不满，是有一些批评家可能太志得意满了。

这也是一个"同时代人"批评的问题。作者和批评者不仅是同时代人，而且彼此是朋友，我想这是现在中国文学批评界很常见的一个问题。这种批评，可能黄老师会觉得不那么理想，不是那样一种同气相求的状态。我自己不太接触这些，我所听到的大概是，作家需要得到批评家的理论指导，批评家也会对作家新出的文本进行所谓的批评。这样的话，文学批评的力量在哪里？文学批评的意义在哪里？如果说文学批评只是这样子一个同时代人之间相互的表扬，那么过了这个时代，文学批评穿透这个时代的永恒的生命或者说力量在哪里？这是我思考的一个问题。

这也让我想到我们和黄老师之间代际的差别。我很羡慕刚才黄老师讲的，比如说他们当年编的《早晨》，我看到《文本及其不满》里有一篇就叫《早晨，北大！》，充满了20世纪80年代人的那种青春朝气，我读的时候超级羡慕的。有一段黄老师讲到，他们除了编《早晨》以外，还编了北大的学生刊物叫《未名湖》。我简单地讲两句，《未名湖》是茅盾题写刊名，封面是由黄老师一个同学郭小聪的中学同学——徐冰设计的。黄老师写到刘震云一宿没睡，在楼道那儿修改《瓜地一夜》的稿子，还有另一个同学拿来朋友史铁生的小说给小说组。诗歌组的主力有朱苏力，他现在是北大法学院最有名的教授……我看了这一段，觉得非常感慨，觉得余生也晚，没有赶上我特别欣羡的80年代。

这也让我想到，就是包括黄老师跟我自己的导师陈平原老师以及钱理群老师那个很著名的“三人谈”，包括您刚才讲到您的第一篇文学批评，其实很多是同时代人之间互相的讨论，是“学术共通体”那样的一个同时代人的同台表演。我觉得“三人谈”是属于那个特定时代的产物。也让我思考，怎样来界定所谓的“同时代人”，是不是说在同一时代就可以被称为“同时代人”？

陈平原老师上次在北京的讨论会的时候，提到“同代异感”和“异代同感”的问题，就是说同时代人，有可能他们并没有共同的感受，而是有一种异代感，而不同时代的人反而可能会有一种同代感。然后陈老师讲到，之前也是“活字文化”策划，让中国人民大学的一些学生写了一组文章，叫“子平爷爷的文学课堂”。陈老师特别惊讶，其实不只是陈老师，我们这些学生都非常惊讶，黄老师什么时候变成“爷爷”了？有一句话叫“归来仍是少年”，黄老师给我的感觉就是这样的，就是永远有少年感。谁可以被称为爷爷，黄老师都不可以被称为爷爷，他永远有非常年轻的心。

所以这也是我自己的一个思考，就是我作为一个“80后”，而黄老师他们是“80后”登上历史舞台的人，我觉得我这个“80后”跟我的师长可能没有什么代沟——这是我自己觉得，可能他们觉得有代沟——我是觉得我跟我的师长这一辈有更多的同感。但是我现在在教书的时候——刚才我见到黄老师，跟他吃饭的时候也聊起来——我反而觉得，按理说在年龄上我可能跟我的学生辈相差更小，但有时候我会觉得跟我的学生有代沟。我觉得他们可能也跟我的师长辈有代沟，我在跟他们讲我自己特别欣羡这种“80年代精神”的时候，我觉得他们应该就不太能感同身受。

这就让我想到，是什么东西构成了同时代人？怎样才能够被称为同时代人？比如我觉得五四的一代人，他们是同时代人；80年代的一代人，他们是同时代人。但是比如说“80后”的一代，他们可以被称作同时代人吗？他们可以以一个共同的面目登上学术舞台吗？我觉得“80后”作家是存在的，它是一个文化、文学现象，就是新概念作文大赛、《萌芽》等培养的这样一代作家。但是“80后”的批评家存在吗？“80后”的学者，他们可以被称为一代，以共同群体的面目登上历史舞台吗？我是存疑的。

我看黄老师的《文本及其不满》这本书，讨论到同时代人的时候，您讲了一句话，很令我触动，就是说，“总觉得此时此刻，我不是‘一个人站在这里’，也不是‘一个人在这里倒下’”。可能是这个构成了你们那一代人的共同的感受，但是我们这一代，可能并不太有这样共同的东西，“90后”“00后”会不会有？当然您也说，不能以十年来区分一代人。您引用阿甘本的话说，同时代人是不合时宜的人。我觉得这个论述让我特别触动，就是什么叫不合时宜？您说，阿甘本说他和他的时代有一种格格不入的关系。您还说了一句我特别喜欢的话：一个各方面都顺应着时代的人，并不是同时代人或者当代人，这些人，他们紧贴着时代的大屁股，根本看不清时代。您说，当代人是凝视自己的时代，是感知时代的晦暗而不是光明的人。这也让我想到顾城的那首诗《一代人》：“黑夜给了我黑色的眼睛，我却用它寻找光明。”我觉得跟这段论述其实很像。这是我作为一个“80后”，向您一个“学术80后”的致敬，以及我的一些困惑。

黄子平：这是我在不同场合关于“同时代人”的讨论。跟做当代文学批评的人也有关。现在有一个词叫作“朋友圈”。我觉得“朋友圈”不是同时代人，不是同一个概念的。

有学生告诉我说，好像上海还是哪里有一家学院成立了一个当代文学批评中心，外号叫作“当代文学表扬中心”。有些作家很有钱，写了一本书，给“表扬中心”一大笔钱，然后“表扬中心”就开一个很大型的研讨会。但是其实“表扬中心”并不需要这笔钱，著名作家的研讨会嘛，理所当然，“表扬中心”同时又从体制内取得大笔拨款，你们经常看到的某某作家的最新作品研讨会就这样开起来了。

曾经有一位苏州大学的教授祝贺我，离开了北大，出国，最后在香港这样一个边缘地区教书。为什么祝贺我呢？他说，你要是留在北大做当代文学的话，你现在就是一个“红包批评家”。所谓“红包批评家”是什么？现在作家写出来一本书，通常不管是在什么地方出的书，都要到北京来开新书发布会，规格最高的要到人民大会堂。所有大学里面做当代文学批评的人必定被请去，然后进门签到的时候就收到一个红包。红包里面有多少钱？去洗手间的时候，自己都要拆开来看一下。有这种活动。

我听一个作家跟我说，他的书在开发布会的时候，来了一个批评家，匆匆忙忙地坐在台上要发言，发言的时候说：“今天很高兴来参加……”然后回头看后边挂的横幅——他都来不及知道发布的书是谁写的，要确认一下。这是属于“文化产业”的一种批评，跟我们所认定的“同时代人的批评”完全是两码事。

那么之所以会有所谓“同时代人”，其实一个很重要的关键点，就是时代发生了断裂。哈姆莱特有名的一句台词：时代发生了断裂，却要我来修补。他觉得受不了。我们回过头去看，历史上突然会有一大批作家、艺术家、哲学家同时出现，都是因为时代发生了断裂。像意大利的文艺复兴时期、德国的19世纪、中国的五四、拉丁美洲的“文学爆炸”，如果我们厚着脸皮，就把中国的“80年代”也算上去。就是时代发生了一个断裂，这些人他们写的东西、他们想的东西、他们所关注的问题，都如此集中地跟前边的那一代人或者前面的那几代人发生了一个很大的断裂。这样才会说这些人是同时代人。

后来，我又进一步去推敲这个概念的时候，我发现，关心共同问题的一些人可能范围更大，时间的跨度可能更大。昨天在深圳讨论，也是“活字文化”出的一套书，叫“海上风雷”，这一套四本书，真的是年龄相差很大的作者。像刘大任是1939年生，他写了《浮游群落》；张系国比他小五岁，1944年生，写了《昨日之怒》；钟乔是1956年生，写了《戏中壁》；写《里面的里面》的，是最年轻的1983年出生的朱嘉汉，就是我们所说的“80后”。但是他们的书都放到一个书系，叫“海上风雷”，这就把他们纳入海外左翼文学的脉络里面，去讨论他们的作品。所以，同时代人的跨度可以如此之大。

因为“海上风雷”这个书系的名字我想起了龚自珍，“风雷”这个词完全是从龚自珍的一首诗那里过来，“九州生气恃风雷”。而这个词之所以在当代中国广为人知，是因为毛主席自己写诗，引用过龚自珍的这首诗，一再地用这个词，“一从大地起风雷”啦，“五洲震荡风雷激”啦。“风雷”这个词是当代文化或当代文学里面分量很重的词，现在用来容纳海外这些作家的书，可以看到，他们呈现出来的一个图景是非常壮观的。

我马上就联想到，我前一阵子读到龚自珍的一篇文章，不是诗，是龚自珍分析“盛世”和“衰世”，它们表面上的相像，就是说看起来完全一样的“表象一致”。那么他举了一些例子，比如说交通畅顺不拥堵，盛世是安居乐业，不必出门舟车劳顿；衰世呢，外边太危险，还是在家宅着吧。又比如说盛世和衰世都没有人说话，盛世是因为这个时代太美好了，完全是一种和谐社会，岁月静好，很安静；衰世呢，就是没有人敢说话。这是龚自珍的一个很敏锐的观察。

朱嘉汉这本《里面的里面》，很好看的一本书。他是一位在法国学哲学的作家，这本书里面有很多思考，比如“逃亡”和“失踪”的区别，等等。有些思考居然跟龚自珍刚才那篇文章有相通的地方，小说里区分了“沉默”和“安静”这两个概念：安静，很平静，安宁，而沉默那是压着的，随时可能会爆发的。那么很容易把龚自珍设想是朱嘉汉的同时代人。如果这样去想的话，你就会发现这个概念比较好玩。

林峥：谢谢，最近听黄老师讲话都有新的收获。刚才黄老师讲同时代人，我们跟龚自珍都可以成为同时代人，让我觉得耳目一新，就是同时代人和时代的这样一种关系，某些时代和时代之间的相似性。我们现在的这个时代，不仅真正的文学批评边缘化了，连文学都相对地边缘化了。

比如说曾经 20 世纪，是文学非常主流的一个世纪，无论是在我以前研究的现代文学时期，还是在 1949 年以后的三四十年内，我觉得文学都是非常重要的，甚至它是一个性命攸关的事情。比如说你写一个作品，或者说你评论一个作品，其实跟这个时代都有非常大的关系，可能会因为写一个作品或者评论一个作品，你的位置或者你的境遇会发生非常大的变化。

但是现在文学已经日渐边缘化，除了我们这些做研究的人，文学跟大部分人的生命已经渐行渐远，那么文学批评应该如何自处，又应该何去何从？这可能也是为什么我觉得现在的文学批评不再像老师刚刚说到的一样，是一个统领时代风潮的事情。我在想，文学批评，以及文化批评，它的意义究竟在哪里？

我自己看黄老师的这本书，最喜欢的是您讨论劳动尊严的那一篇。我还记得我是在一个晚上看这本书，我躺在沙发上看，就有一种“垂死病中惊坐起”的感觉，一下子就直起身来了。我还特别喜欢您的一本书，就是《灰阑中的叙述（增订本）》，它在香港是叫《革命·历史·小说》。那本书，我觉得特别喜欢。

您的《文本及其不满》，“不满”这个词我觉得也用得特别好。您在里面引用了鲁迅那一段话，就是鲁迅说的“推背图”，鲁迅说：“我们日日所见的文章，却不能这么简单。有明说要做，其实不做的；有明说不做，其实要做的；有明说做这样，其实做那样的；有其实自己要这么做，倒说别人要这么做的；有一声不响，而其实倒做了的。然而也有说这样，竟这样的。难就在这地方。”

让我想到刚才黄老师说的，“盛世”和“衰世”，“安静”或是“沉默”，可能盛世也不太需要文学，或者说不太需要态度过于鲜明的文学。在这样一个作者有自己的一套编码系统也不能够完全都说出来的状况下，批评家要讨论作者的说与不说，说了什么，怎么说。我觉得这个是黄老师的文章让我觉得启发很大的地方，我觉得您的文章是这样做的，您看出了“这样说而实际上那样做”，或者“他说不说”“他说什么”的缝隙。

我很喜欢这本书和这篇文章，黄老师讨论的是很大的革命历史叙事的主题，但是您可以稍微抽离出来，或者说游离出来，或者说逃逸出来。我觉得，过分认同那个主题，可能并不能够真正把那个事情做好。所以我看您的书，我自己觉得您讨论“革命历史小说”比很多左派的学者做得更好。您喜欢说“好玩”，您还喜欢说的一个词是“撬动一下”，我觉得这是很有意思的，四两拨千斤。我一上来试图进行很学理化的论述，然后黄老师一开口就是从照片讲起，很轻灵地撬动一下那个凝固的秩序，那个沉重的东西，然后把它从原来的叙事里头释放出来，这个是我觉得很有意思的。

我讲一个题外话，从黄老师讲话的风格来讲。我自己特别想听黄老师讲课或者演讲，我觉得学者的研究做得好，不代表他讲课也能讲得好。而黄老师，虽然他说自己要寻找一种“结结巴巴”的语言，但我觉得黄老师讲话特别精彩，他的演讲跟他的写作有相似之处，都有点禅宗拈花微笑那种感觉。你看他写文章，也不是都写尽了，他说自己不喜欢博士论文这些文章，而是喜欢“撬动一下”，很轻灵的那种感觉。

黄老师的这本《文本及其不满》，如果大家看了会发现，它分四辑，其中有两辑是演讲和访谈，黄老师的演讲和访谈很精彩。我刚才在吃饭的时候跟黄老师表达，有些学者的访谈可能就只是单纯别人问，他回答。但是我觉得，黄老师的访谈比论文还好看，特别是跟胡红英的访谈，谈出很多新鲜的东西。章太炎曾经说过“眼学”和“耳学”，他批评“耳学”，他说近代以来的教育太注重“耳学”了，就是课堂上，师生口传心授，但“眼学”是要自己看书。但我是觉得，现在的教育其实“耳学”也非常重要，而且它有时候有“眼学”所不能替代的作用，比如说，如果你面对面听黄老师讲，比起看他的文章，那又是另外一种很不同的感受。

这种课堂上的独特性，也让我想到文学课堂和文学批评的关系。因为我很惭愧，没有做批评，我觉得批评是聪明人做的事情，真的要有灵气，有这种悟性才能做好；像我们笨一点，只能去做那种笨拙的工作，比如去考证史料。我是在开始教书以后，才开始学着——也不能说是做文学批评，就是你在文学课堂上面，不能只给学生讲文学史，也要结合作品来讲。这个时候，文本细读就变得特别重要了。在教学的过程中怎么让学生去体悟文本？这个时候，可能就不能像写一篇论文那样，纯粹从史料等角度来讲，而是重在对文本的阐释和感受。所以，我其实也是在教学以后，才开始更多去学习文学批评的方法，因此我想文学批评的意义，也包括它跟文学教育、文学课堂的一个关系。杂乱地谈一谈，谈了好几个点。

寻找文学批评的“不满”和“切肤之痛”

黄子平：我刚从深圳过来的时候，一位朋友在北大出版社出版的某一本书的折页上看到一个预告，说黄子平有一本书，后面括弧——即出。我说，没有了，烂尾了。其实烂尾了的还不只这一本。我现在的苦恼在哪里呢？就是我现在一直盼着要读到一本像当年那样令我热血沸腾的书，或者突然令我三观改变的书，令我恍然大悟的书，令我突然半夜坐起来的那种书，现在好像没有，非常苦恼。

当然我也会写东西出来，写不出来的时候，就在书房里走来走去，开一下冰箱什么的。写得出来的时候，照样在书房里走来走去，反正写得出来了，不着急。所以什么东西都“即出”，始终在“即出”的状态。非常苦恼。

就是因为我们这些人做批评做久了，老实说，各种套路都知道一些，而且这些创作上的套路早就被用烂了，对不对？你刚开个头，我就知道你的结果是什么，这就是很糟糕的一件事情。所谓“文本及其不满”，其实“不满”非常重要，当“不满”消失了以后，激情就很难产生，批评家和文本之间没有切肤之痛。

那天我看好像北大有一个老师，他说他现在读论文，每一篇都有塑料味，那种人工化的。好像不光是塑料味，还是再造的塑料的气味。这也是我自己的苦恼。我现在写的东西，缺少“切肤之痛”，很多时候只是一种所谓理性的操练，或者编造一下文字游戏等。所以我现在仍然在梦想，会突然看到一本书，让你非常激动，让你热血沸腾，让你觉得非要坐下来把这篇评论写完才能罢休。这可能是年纪大了以后，看得太多的一个毛病。看透了，这些套路都已经知道了，桥段都已经用老了，翻不出什么新花样了。

我曾经把这个感觉写在一篇随笔里，上海的毛尖教授就写了一条微博，她在微博上让她的学生列出一些仍然能够让他们感动到掉眼泪的作品。让我很吃惊的是，那些学生仍然列举了很多作品，我很吃惊，真的还有那么多人会被文学作品感动，因为我自己很悲观地觉得不会再有这种情形。

我自己还是很年轻的时候，读到一部陀思妥耶夫斯基的作品，不是很有名，叫作《被侮辱与被损害的人》，不是俄国“陀爷”最好的作品。但是很奇怪，我读那部作品时，是生平唯一的一次，第一次也是最后一次，读到某一个章节，号啕大哭——当然都是自己背地里。我现在也忘了是哪一段文字，反正也不知道是因为什么，但是之后还是很怀念这样的，会有某些文字，能够触碰你到这样一种程度。“归来仍是少年”，开个玩笑，可能真的是此情不再。

林峥：谢谢。黄老师刚才讲到，现在做批评没有了那种切肤之痛。我在想可能不仅仅是批评如此，当代的文学作品和人生，和这个时代好像也有点游离，它也没有那种切肤之痛。您谈到“文本及其不满”，其实这个“文本”本身也逐渐缺失这种“不满”。

黄老师谈到读陀思妥耶夫斯基时的感动，这让我觉得很感动，因为您自己也谈到知识分子的使命，就是要让这种“被侮辱者与被损害者”发出他的声音，使他的声音浮出历史地表。

以我自己的阅读经验来说，我读现在“80后”作家的作品，唯一打动我的就是去年我读的“新东北作家群”的作家，比如说双雪涛，他写东北的小说，我觉得是可以触动我的。我在想为什么。可能因为我从他们的作品当中，读到了他们对自己的父辈，还有对于自己家乡衰落的工业区那样一种真切的伤痛，我能够感受到那种很忧伤、很沉重，又有点诗意的东西在。

后来我发现，他们小有名气后，试图撕掉自己“东北作家”这样一个标签，双雪涛还有班宇都开始做一些不以东北为主题的、比较讲究文学技巧的尝试，那个作品可能没有办法打动我，因为对我来说，那种先锋的、有文学技巧的作品已经看得太多了。对我来说，可能我的阅读趣味还是很传统，关键在于故事是否动人，技巧其实是第二层的东西。可能这也是刚才黄老师说的，作家是否有切肤之痛，也会使得批评家感同身受，然后把它给表达出来。

在《灰阑中的叙述（增订本）》里您谈到丁玲写《在医院中》，以杂文作为一种生存方式，也是延续了鲁迅的脉络。我想，也许批评对您来说就是一种生存方式，因为它不仅仅是一种写作方式，它还是一种书写、战斗、思考、表达不满的方式。我觉得其实文学也应该是在这个意义上，在您说的“杂文”这个脉络当中，它要去表达这种“不满”，如果总是表达喜悦，那个东西不是文学作品。

那么为什么在当代中国，好像文学和人的生命经验渐行渐远？我觉得可能跟我们年轻一代的阅读方式、思考方式是有关系的。中山大学这两年搞了一个大学生原创作文大赛，我做初选评委。我发现，比如说写诗，写农村经验的诗还是写得很好。我就在思考为什么。有可能是这样，在经济相对落后地区的孩子，他还在坚持把写作作为他的一种想象人生的方式，所以写农村的诗还是有生命力的，而且可以看得出来投稿的学生是农村或者三、四线城市的孩子。可能对于大城市的孩子来说，文学不再是他们想象这个世界的方式了。他们的手机上，有各种各样的小软件——微信、抖音、小红书，各种各样的东西。

另外，大家经常在讨论的文学的边缘化，部分因为这些新媒体的兴起，导致传统的纸质阅读在消亡。那我们除了批评新媒体造成阅读方式的碎片化以外，是不是也可以利用新媒体的一些优势，比如现在大家很喜欢阅读公众号，可能学术论文在公众号上不好发，太长了，大家不会在手机上看，但是发表批评也许是可行的。

我自己有时候也喜欢在公众号上进行稍微有深度的阅读。本来批评就包括文学批评、文化批评，它本来就始终在积极地介入公共生活，不是和公共生活完全割裂的，或者说，好的批评其实应该是介入的。那么，是不是也可以利用新媒体去达到这样的功效？比如说鲁迅当年写杂文，就像他自己说的“匕首投枪”，这样直接地介入社会去做批评。那么在现在审查制度比较严格的环境下，网络的审查相对于纸质媒介可能是宽松的，批评是不是可以和新媒体相结合？这是我自己的一些幻想。

（原载《社会科学论坛》2021 年第 6 期）

谈枕边书

访谈人：舒晋瑜[1]

舒晋瑜：谈谈您最近的枕边书？

黄子平：这两年我的居停之处没有床头柜。不断拿起来翻翻的是一本很厚的书：卡内蒂的《人的疆域》（广西师范大学出版社，2020年出版）。“理想国”把卡内蒂的四部笔记合起来印成了一大部，包括《人的疆域》《钟表的秘密心脏》《苍蝇的痛苦》和《汉普斯特德补遗》。八百多页的书不适合睡前阅读，但笔记的好处就是你读一两页，随时可以拿起，随时可以放下。笔记这种形式是对读者智力的邀请。对卡内蒂来说，持续半个世纪的笔记记录了“最崇高的斗争之一”：在一个越来越盲目的世界，如何避免失去人的视野。读到一些精警的句子，你会忍不住摘录到朋友圈分享，譬如：“人

① 舒晋瑜：《中华读书报》编辑记者。

们会变成自己最讨厌的样子。所有的厌恶都是一种可怕的征兆。人们在未来的破镜中看到了一个人，但他们不知道，那就是自己。”或者：“在回家的路上总会迷路的人，每次都会发现一条新路。”

舒晋瑜：您在学生时代读过的书，最好的是哪一本？

黄子平：小时候最喜欢的是张乐平的《三毛流浪记》，三毛一直被人欺负，又一直顽强地活着，求生存求温饱，直到他幸福地系上了红领巾。捷克作家哈谢克的《好兵帅克》，一看插图你就知道这是一本好书。帅克严格遵守所有（字面意义上的）规则，结果接连闯祸，处处反证了这些长官的命令的基础性荒谬。长大以后重读，还是会在每一页上为这个憨厚的乡下人实诚的对话捧腹：“你相信世界末日吗？”“我得先看看世界这个末日再说。”我从小就偏爱这类揭示存在之荒诞的作品。设想《红楼梦》里没有王熙凤、薛蟠和刘姥姥，只剩下宝哥哥、林妹妹整日以泪洗面，我肯定读不下去。对我来说，这是一本好书必备的元素：反讽，幽默，变形，自嘲。

舒晋瑜：您曾在《少时读鲁》一文中谈及自己少年时读 1938 年版的《鲁迅全集》，并提到《鲁迅全集》“至今还是我唯一反复读的”，能否谈谈几十年来阅读鲁迅的不同感受？

黄子平：少年时读 1938 年版的《鲁迅全集》，好处是没有注释，坏处也是没有注释。你对人名、地名、写作背景、用典等一无所知，囫囵吞枣，有点像后来的“新批评派”，直面封闭的文本本身。小说最容易读，从人物滑稽的《阿 Q 正传》到情节离奇的《铸剑》，读起来很顺，但是并不容易懂。那时感受最深的还是鲁迅的旧体诗，“梦里依稀慈母泪，城头变幻大王旗”，心境、诗境、情境，跟我所处的那个历史时空，一切都那么契合。大学时代重读鲁迅，卷入20世纪80年代“摆脱正统鲁学”的潮流，旅日文本中“立人”思想的确立、《野草》中的生命哲学、《故事新编》中的“后现代技巧”，慢慢渗到读鲁的心得之中。近几年比较多的思考是鲁迅的“文明批评”在文明冲突日益加剧的21世纪，是否还有新的启发。目前还没有理清头绪。

舒晋瑜：研究鲁迅，对您有怎样的影响？

黄子平：我自己觉得文体方面的影响比较大，譬如我偏爱写短文，偏好用“也许”“似乎”这些表示“不确定性”的副词，偏好“倘若”“然而”这些现代汉语不再用的虚词。后来我读到夏济安《黑暗的闸门》和日本汉学家的论著，明白这是鲁迅“多疑”的性格或“多重否定”的思维方式的表现。我不知道这种影响对我是好还是坏。前些年有人批评洪子诚老师的写作是“犹豫不决的文学史”，我倒觉得“犹豫不决”是现代汉语写作应该追求的一种境界。任何文本，书也好，论文也好，但凡闻到一点义正词严斩钉截铁的气味，我立马放弃不读。

舒晋瑜：您会为学生推荐阅读吗？比如说？

黄子平：教书的时候，我会列出跟某一门课相关的“必读书目”，不会超过二十本——虽然明知“必读书目”往往激发抗拒阅读的心理反应。我自己当学生的时候，应对“必读书目”的策略是每一本都快速地翻一翻。如今的学生，据说任何一本书都能很方便地找到电子版，迅速下载到平板电脑里，然后心安理得地——不读。

中国现代阅读史上的著名公案，是鲁迅对“青年必读书”的回答：“从来没有留心过，所以现在说不出。”等于是交了白卷。这是他对“阅读自由”的维护，也是他对“不当青年导师”的坚持。不过他在附注里又说了一大通“多读外国书，少读中国书”等很恳切的掏心窝子的话（这些话如今搁网上，必是被骂）。跟随鲁迅的思维逻辑，对中文系的学生，我会建议他们少读文学书，多读历史书和哲学书，目标是了解最重要的一点：人类历史上发生过的事情，还会一再发生，即尼采所说的“永劫回归”。

舒晋瑜：如果您有机会见到一位作家，在世的或已故的，您想见到谁？

黄子平：史铁生。我跟铁生有过几面之缘，但都没有长谈的机会。上海的朋友吴亮，在铁生去世前不久，到他家去，跟他有一次几个钟头的长谈，我特别希望那天我也在场。最近许子东还和我聊起《我的丁一之旅》，说它相当于铁生的“天鹅之歌”，赞不绝口。

舒晋瑜：在您的学术写作中，“最重要的是与钱君平原君合作的《论‘二十世纪中国文学’》”，倡导将中国现当代文学溯源至晚清，把百年文学作为一个整体来研究，在当时引起极大的反响。三十多年过去了，您现在如何评价当年的合作？

黄子平：我们都不再重视三十多年前合作的“成果”，而是越来越珍视合作本身。您知道，那不是一个“项目”，也没有一分钱的经费，论文（那时还没有“核心刊物”这一说）发表了，影响因子（引用率）还挺高，但好像对提职称也没有多少帮助。比照当下所谓“学术界”的生态常规，简直不可思议。

我曾经找到两个概念来理解一代人多年的合作：“同时代人”（阿甘本）和“知识友谊”（布朗肖）。同时代人处在时代的断裂中，当历史的连续性发生中断，无法再继续讲述时，他们聚集在断层处，靠文学的想象来填补与修复历史的断裂。同时代人不是逆时代而动的人，相反，他们非常深地卷入时代洪流中，却又与时代格格不入。

知识友谊，这种友谊是超时空的，虽然两个人一生也见不了几次面，但是彼此都会非常关心对方的著作与写作，关注他们提出的问题，也会就其观点展开辩论。

舒晋瑜：您现在还买书吗？

黄子平：大学时代因为刚从书荒中走出，买书买疯了。别进书店，进去不买它几本不出来。退休以后买书少了，在书店买，也在网上买。收到过去的学生、同人，还有出版社编辑朋友不时寄来的新书，还是非常开心。最近就收到了李静的《更新自我》（文化艺术出版社）、李兰妮的《野地灵光》（人民文学出版社）和陈国球的《抒情·人物·地方》（四川人民出版社），都是上好的书，非常开心。然而书是有生命的，它们在书架上“瞪”着你，责怪你还没有开卷看它们。刘绍铭写过一篇散文，题目就叫《书架上那些哀怨的眼睛》。这构成了某种压力，别以为“坐拥书城”是一件可以自鸣得意的事情。如今由于住房的窄小，尽管每一面墙都做了到顶的书架，但书都很快“溢出”。加上这几年我在不同的大学客座，居无定所，于是无可避免地进入了人们所说的“散书时代”。把看过的书，送给学生、同事和愿意接收的机构，感觉也算推动了好书的流动。

舒晋瑜：您在读书方面有什么喜好？

黄子平：侦探（悬疑、推理、犯罪）小说，本格派的、社会派的，都读。这几年读遍了硬汉派：雷蒙德·钱德勒，迈克尔·康奈利，劳伦斯·布洛克和挪威的那位尤·奈斯博。我有几位学生突然发现黄老师也爱读侦探悬疑小说，立即把我引为同道。

（原载《中华读书报》2021年10月28日）

同时代人的文学与批评
——黄子平《文本及其不满》新著主题论坛实录

整理人：李浴洋

时间：2019年10月27日14:30—17:30

地点：首创郎园Park·兰境艺术中心

嘉宾：黄子平、钱理群、赵园、陈平原、董秀玉、吴晓东、杨联芬、贺桂梅

上半场：同时代人

李浴洋：大家下午好。今天我们在这个非常别致的文化空间中聚会，举行“同时代人的文学与批评”主题论坛。活动缘起是在座的黄子平教授最近由“活字文化”策划出版了一本新著《文本及其不满》。我们接下来的对话将主要围绕这本新书展开，同时也会延伸到黄老师其人其学，以及铭刻在他的人生经历与写作生涯中的

20世纪80年代。

除去黄老师，我们还特别邀请了他的几位“同时代人”——钱理群老师、赵园老师和陈平原老师。钱老师是前几天专程从贵州赶回的，陈老师更是昨天夜里才从苏州回到北京。这是尤其令人感动，也是我特别要向他们表示感谢的。此外，更为年轻一辈的学者——当然，同样也是我的老师辈的——吴晓东、杨联芬和贺桂梅三位也将参与我们的讨论。现场的三四百位来宾从各地聚集到这里，相信已经足以说明今天活动的主题与嘉宾的吸引力和号召力。大家的时间都很宝贵，我闲话少说，马上进入正题。

《文本及其不满》是“活字文化”策划的“视野丛书”中的一本。用主编北岛的话说，“视野丛书”的基本定位是选择那些“沿着轴线，穿越七十年代、八十年代，从九十年代一路走过来，直至今日”的作家、学者、艺术家与批评家，通过这样一套自选集来彰显“他们的‘写作’的真正的含义”。按照北岛老师的概括，入选这套丛书的作者具备三个特征：第一，他们的写作与思考始终与过去半个世纪的中国历史“同行”，当代中国不仅是他们展开各自志业的时代背景，也是他们逼视、叩问与反思的对象；第二，他们不但在专业上多有建树，而且能够写一手“笔记散文”，依照丛书的构想，以笔记散文为主调，进而铺张杂陈，理辞各异，文意歧出；第三，特别强调的是，“与传统文人的书斋生涯不同，与现代的教育的规训不同，他们的经历有着类似的‘身份’——当过工人、农民或军人，每个人都和土地息息相关，和社会底层息息相关”。“视野丛书”已经出版了七种，分别是李零、李陀、韩少功、张承志、汪晖、徐冰与王安忆的。黄老师的《文本及其不满》是第八种。我们从这份名单中不难感受到这套丛书的取向、趣味与分量。

严格地说，这是黄子平老师的第三种自选集了。2012 年由复旦大学出版社出版的“三十年集”系列中的《远去的文学时代》是第一种，那是一部编年文集，相对全面地展示了黄老师在 1980 至 2010 年间的文学批评轨迹。同年在香港三联书店出版的《历史碎片与诗的行程》是第二种，那是一本具有特定编选角度的专题文集，也是一册只有十万字左右的小书，主要收录了黄老师在现代文学而非当代批评领域的文章。《文本及其不满》尽管也是自选集，但性质却与先前两种有所不同。首先，书中有不少初次入集的新作；其次，全书按照“散文”“评论”“演讲”与“访谈”四种文类编排，呈现了黄老师近年学术思想的方方面面；最后，与“视野丛书”中的其他各部一样，《文本及其不满》也致力围绕一到两个关键词进行架构，而选择的关键词也是理解当代中国不可或缺的思想史命题。

《文本及其不满》全书主要围绕两个关键词展开，一是“同时代人”，二是“文学批评”——或者借用很有态度的书名来说，即“文本及其不满”。我们今天的论坛也根据这两个关键词分为上下半场。上半场请黄老师、钱老师、赵老师和陈老师就“同时代人”这一话题进行对话；下半场黄老师继续“值守”，与吴老师、杨老师、贺老师一起讨论“文本及其不满”。黄老师今天会比较辛苦，我们希望您首先“破题”，最后再做一次总结回应。现在，我们就有请黄老师发言。

黄子平：我出了一本新书，平生第一次参加我自己的书的发布会。“活字文化”的朋友说发布会还要分上半场和下半场，隆而重之。我感觉发布会的作用就是把作者直接放在火上烤，上半场烤到半焦，下半场烤成全焦。熟悉高校里面工作程序的朋友们会发现，今天的场面特别像是学生论文开题，我先做一个开题报告，接下来接受老师们的批判。

这本书其实是在一个丛书里的，王安忆的那本已经出来了，我后边还有葛兆光的一本。丛书的主旨好像是要让这些人把自己前前后后的一些文章抟一起，展示“思想历程”之类的吧。我是先想到了书名，然后再考虑怎么编。想到书名的时候自己觉得好玩。书名是把弗洛伊德晚年的名著《文明及其不满》改了一个字。有了书名，再把文章“捏”到一起，当然也要反过来对于书名做一通发挥。文本是产生愉悦的，愉悦无法达至，会有不满。这些都已经写到前言里面了。

最近几年不断有人提到“同时代人”的概念，我自己在不同场合也多次用到。有考据癖的年轻朋友甚至考证出来，我最早说到“同时代人”还是在和老钱、平原一起鼓捣“二十世纪中国文学”的时候。那时之所以会提到这个概念，和我少年时代的阅读有关系。我很早就喜欢读俄国作家和批评家的书，像别林斯基、车尔尼雪夫斯基、杜勃罗留波夫、赫尔岑等。他们的书里面都会出现“同时代人”的说法。现在市面上还可以看到《同时代人回忆契诃夫》《同时代人回忆陀思妥耶夫斯基》这样的书。对于19世纪俄国的作家和批评家来说，我想“同时代人”一定是一个他们非常熟悉的概念。历史上有某些时刻，会一下子出现一群人，他们和所处的“时代”紧密相连，从而成为“同时代人”。譬如文艺复兴时期的欧洲、19 世纪的俄国、中国的五四、拉美“文学爆炸”，还有我们赶上的 20 世纪 80 年代。80 年代，顾城、舒婷都写过像“一代人”这种题目的诗，那种感觉就是“我不是一个人站在这里”。这几个时代的共同特点是与此前一个时代的断裂。正是因为断裂，才使得在时间与价值上出现一座断桥。许多出色的文化保守主义者站在断桥的这边，努力捍卫那些已经消失的价值，修补出现的裂痕；同时还有一批人就选择直接走向断桥的另一边，去发现新的可能性。对于我们这些用文字来写作的人来说，这种断裂也意味着表意系统的断裂。我们都能感受到在五四时已经使用了上千年的文言文被断定为“死文字”时带来的震撼。这个时候，旧的表意系统已经不知道应该怎样说话，可新的表意系统还没有产生出来。置身其中的人只能在两条边界之间反复、犹豫不决与挣扎。在我看来，这种写作恰是特别的。那么，“同时代人”究竟是什么呢？他们是在时代的断裂之处出现的，一群自觉站在断层上寻找新的表达方式进行写作的人。

若干年前，我在上海遇到一位“70 后”作家，他问我为什么不再写当代文学批评。我当时沉思了好久，发现好像真的是这样，我的阅读就到余华、苏童和格非为止。这位作家所谓的“当代文学”指的显然不是余华他们的作品，而是指“70 后”作家的作品。他问我为什么不再关注，也不再批评“当代文学”了。这种提问方式背后隐含的其实是一种日后十分流行的以十年为标志的断代法，按照出生时间，人为地把人区分为“80后”“90后”“00后”等。还有更细的划分，“95后”“05后”等。我以为这种划分很有问题。如果从大的历史尺度来看，这是不成立的。譬如在中国文化的传统中，至少三十年才算是一“代”，而人类历史上也经常是几十年才是“同一代”。后来我读到意大利哲学家阿甘本的《何为同时代人》（“同时代人”又译为“当代人”），十分赞同他的说法。他认为，“同时代人”不是逆时代而动，也不是在时代之外袖手旁观，而是如此深刻地嵌入时代，但他们保持着尼采意义上的不合时宜，与时代格格不入。正是因为这样，“同时代人”才能看清时代，感知到时代的黑暗之光，能用笔蘸取当下的晦暗来进行写作。那些只能看到时代的光明面的人其实反倒看不清一个时代。

今天因为有很多老朋友都在座，所以我突然想起法国理论家布朗肖的一个概念——“知识友谊”。“知识友谊”与“同时代人”相关，指的是这些人可能一辈子也见不了几次面，但会非常关心对方的写作，关注他们提出的问题，对彼此的问题进行辩论、反驳。这样产生的“知识友谊”可以衍生出更大的概念——“文学的共通体”。注意，不是“同”，而是“通”。有人将之翻译为“同”，我认为是不对的。“同”是僵死的，“通”则是“和而不同”。“文学的共通体”是回应时代的断裂而产生的。这让我想起一句古话：“史统散而小说兴。”当历史的连续性被中断以后，在这个空当出现的就是“文学”。“文学”是什么？必须有想象，必须创造，唯其如此，才能回应历史的断裂。当“史统”无法发挥历史效用的时候，反倒是“文学”提供了新的时间和价值生长的平台。这也就是为什么在人类历史上那么多的断裂时刻出现的都是文学家，因为这时需要想象，需要无中生有的创造。我们在这个时代开始了“文学”写作，多多少少是一种宿命。我的“开题报告”就到这里。

李浴洋：感谢黄老师十分精彩的“开题”，一如他的文章，立意很深，关怀很大，但又落得很实，没有一句废话。刚才黄老师的发言让我想起了王汎森先生的一篇文章《天才为何成群地来》。无独有偶，他在文中也以19世纪俄国文学中以别林斯基为首的文艺家群体作为例子。“成群地来”的“天才”大概就是黄老师所说的“同时代人”。当我们使用“天才”这个概念时，其实不仅着眼于表彰他们的成就，更有对于他们和他们背后那个时代的关系问题的思考。从表面上看，他们是超越时代的，但如果细究，则又会发现他们是深刻地嵌入时代之中的。而黄老师关于“同时代人”的论述让我想到的另外一点则是钱理群老师近些年来对于鲁迅的“真的知识阶级”定义的阐释与光大。在我看来，“同时代人”与鲁迅的“真的知识阶级”异曲同工，黄老师与钱老师在这一方面的思考也是“共通”的。下面，我们就有请钱老师发言。

钱理群：我年纪大了，所以每次开会都首先写好稿子。我刚从贵州赶来开会。我是1960年二十一岁时去贵州教书的，1978年离开，来北京读研究生，这次五十九年后回去和当年的老学生、老朋友见面，就沉浸在20世纪60年代、70年代的历史回忆中；现在，又来参加今天的老朋友对话，要回顾20世纪80年代的历史，有些不知从何说起。就只有从子平兄的书里偷取灵感。而且真的在今天要着重讨论的他的新著《文本及其不满》里得到两大启发，就此谈两点随想。

子平首先谈到了“同时代人”的关系，特别提到李陀曾用“友情”和“交谈”概括他所亲历的80年代。子平说，这是“很传神，准确”的，“题目与文章的蓬勃涌流”，正源于那些年的“无限交谈”。子平称之为“新启蒙”参与者的“态度同一性”。我读到这里，心里为之一振：因为今天这样的“无限交谈”和“态度同一性”已经不复存在了。我在前年王富仁先生逝世后，曾经说，我们现在生活在一个分裂、分离的时代。人与人之间，当年的老同学、老朋友之间，甚至在家庭内部，都失去了共识。能够毫无顾忌地，推心置腹地畅所欲言的朋友越来越少。子平概括的“同时代人”已经分崩离析了。在这样的现实情境下，回顾当年的历史情景，怎能不感慨万千！

李陀把当时的友情和交谈概括为四条：第一，可以直言不讳；第二，可以誓死捍卫自己的观点，跟人家吵得面红耳赤；第三，相信朋友不会介意这个；第四，觉得这争论有意义。我还想补充一句：什么都可以谈，政治、经济、文化、文学、哲学……各种问题都随便聊，没有任何顾忌，这背后就有一个思想自由的环境与氛围，这或许是最根本的。我们“‘二十世纪中国文学’三人谈”就是这样的“自由谈”的结果。在那个年代，自由聊天，不仅是一种生存方式、学术方式，我们还创造了“学术聊天”的自由文体。我还要特别回忆的，是当年我和学生之间的“无限交谈”，这就是所谓“老钱的灯”。学生上完晚自习路过我住的21号楼，看见老钱的灯还亮着，不管时间多晚，敲门，撞进去，就谈开了。王风回忆说，他经常和我聊天，聊到三四点钟。这大概是真的。而且我和学生的交谈都是平等的，是所谓“以心交心”，学生可以发表不同意见，也可以争论。一些经常来聊天，比较亲近的学生和我就形成了“亦师亦友”的关系。在我退休时就有学生在网上发文，说我是“最像朋友的老师，最像老师的朋友”。我是十分认可这样的评价的。所以学生都叫我“老钱”，其中含着说不出的亲切感。在这个意义上，我和我的学生也是“同时代人”。

那个时代的人与人之间的关系，确实是令人怀想的：这是思想自由、解放时代的人际关系，是以共同的理想、信念、追求为基础，超越名和利的人际关系。我曾经说过，自己——或许也包括我们的同时代人，前半生充满艰难曲折，后半生发展就比较顺利。其中关键是在 80 年代遇到了“好老师”。按平原的说法，我们是与 20 世纪三四十年代的学者直接接轨，得到了他们的倾力教诲，也得到了 20 世纪 50 年代的老师的无私支持。另一条就是我们有了这样一群“同时代人”。我回顾自己的八十人生，最要感谢的是三个群体。一是贵州、安顺的朋友群：这是我的基础，我的根。这次回安顺就是落地归根。再一个是我的北大老师群：吴组缃、林庚、王瑶、乐黛云、严家炎、樊骏、王信等。第三个就是同时代人群：我所接触到的关系密切的同时代人自然以北大的老同学、老学生为主，也包括外校、外地的几十年没变的一些老朋友。这个同时代人群，在我看来，有四大特点：一是思想、精神、学术上都有自己的理想、追求；二是思想、性格、学术个性都十分鲜明，各有不可替代的特色；

三是在彼此交往中都深知对方的弱点，求同存异，彼此宽容，不是党同伐异，也不亲密无间，相互合作但又保持一定距离，最大限度地维护各自的独立性；四是彼此欣赏，形成良性互补。我万幸生活在这样的朋友圈里，没有任何内斗、内耗和干扰，可以心无旁骛地做自己心爱的学术，还可以时刻感受到朋友的理解与支持。许多人都惊讶我怎么写了这么多，我心里明白，其中一个重要原因，就是尽管时有大的环境的干扰，但我所处的具体的小环境，却极为和谐、安静、温暖，有利于我的自由创造。这是我要永远感谢我的老伴和周围的这些老同学、老朋友、老学生——我的同时代人的。

这里，我要特别谈谈黄子平兄。我多次说过，子平是我们中间智商最高的，也最具有独创性，以至我不知道用什么来概括他的学术特点。我只能说说我最为佩服他的几点。一是他的理论自觉与修养，特别是他对西方各种现代、后现代理论的强烈兴趣、熟悉程度与广泛运用。坦白地说，他的文章有的地方我看不懂，原因是我对相关理论不熟以至无知。二是他的艺术感悟和美学自觉。三是他对语言表达的情有独钟、讲究与独特运用，即所谓“语不惊人死不休”。四是他的社会、历史、学术视野的广阔，多学科把握学术的高度自觉。这四个方面大都是我的弱点。我比较关心政治、社会、思想史。我发现子平从表面上很少直接谈论政治、社会、思想，但他实际上是有很强的社会关怀、思想关怀和政治关怀与焦虑的。在这方面，我们俩是内在相通的。意识到这一点，我内心有一种说不出的温暖感。

我还要说说子平对我的学术工作的帮助和启示。一是他把我举荐到出版社，打开了我的学术通往社会之路。我们四个人中最早出名的是黄子平，他的那篇评论林斤澜的文章在《文学评论》发表，一举成名以后，上海文艺出版社的编辑找到他，问他的朋友中还有哪些出色的人才，他推举了赵园和我，我的第一本鲁迅研究专著《心灵的探寻》才得以顺利出版。而在此之前，我的书怎么也找不到出版社愿意接受。子平的出手相助，就是“雪中送炭”。我更难忘，并心怀感激的，是子平的学术思想、思路对我的直接启发和影响。我的著作中，引述子平的意见最多。像最早注意到“堂吉诃德和哈姆雷特的东移”现象的就是子平，他在自己的一篇文章里提及，却没有展开；我当时正在思考知识分子与共产主义运动的关系问题，却找不到切入口，读到子平的这一发现，就茅塞顿开，立刻紧紧抓住，最后写成了《丰富的痛苦——堂吉诃德和哈姆雷特的东移》一书。我至今还认为，这是我的主要代表作。这当然有我自己的努力与贡献，但灵感来源是子平，是我永远忘不了的。后来，我构想《中国现代文学编年史：以文学广告为中心（1915—1927）》的结构，也是得到了子平关于文学史叙述结构的设想的启示。这样的相互沟通，相互启发、学习、借鉴的学术关系，也是今日所难得的，我特别珍惜。

子平的《文本及其不满》，在说到“同时代人”的相互关系之外，还特别谈到了“同时代人”与他的时代的关系。子平指出，他们既“如此密切地镶嵌在时代之中；另一方面他又是不合时宜、格格不入的人”，他们“属于这个时代，但是又要不断地背叛这个时代、批判这个时代”，他们“依附于时代同时又跟它保持距离”，他们“是紧紧地凝视自己时代的人，是感知时代的黑暗、感知时代的晦暗而不是光明的人”。我理解这就是说，同时代人与时代的关系是既“在”又“不在”。我认为，子平的这一论述，很好地概括了我们这些人与80年代的关系。我们当然是这个时代的弄潮儿，就像前面所说的，我们似乎是“如鱼得水”。但这只是“似乎”，实际情况要复杂得多，这涉及对那个时代的认识。80年代既有思想自由、言论自由的那一面，又有对思想言论自由的压制。这是一个两种倾向、力量，两种发展道路、体制相互博弈的时代。我们在思想解放的呼唤下迎风而上时，背后就追随着大批判的阴影。这里，就需要谈到“‘二十世纪中国文学’三人谈”的一个人们不太熟知，以至被遗忘和淡化的背景：在我们提出这个概念之前，学界曾有过一次在五四领导权问题上的大批判。我们从这次大批判中，意识到现当代文学研究中存在着一个“依附于政治史叙事的文学史框架”，这个框架不打破，就会从根本上束缚学科的发展。因此，我们提出“二十世纪中国文学”的概念，就是对既定的现当代文学史研究框架的一个自觉的挑战，这显示了这一代人的学术从一开始就具有不合时宜的反叛性的一面。黄子平在80年代有两句名言，“深刻的片面”“创新的狗追得我们连撒尿的工夫也没有”。前者是对批判的学术的辩护，后者则是对创新成为时髦的警惕与自嘲，这都表现出某种异质性。因此，这些同代人在那个时代的心情，既有舒畅尽兴的一面，同时也是内含忧虑的。子平解释我们以“悲凉”概括20世纪文学的美学特征时说，我们自己当时就怀有“焦虑、忧患意识”，“劫后余生，心境一直悲凉得很”，虽然这不是主要原因，但也有一定道理。

但或许正因为如此，我们既融入了时代潮流，又保持了一定距离，这就从根本上维护了自身学术的独立性。因此，到20世纪90年代以后，我们由学术的中心位置逐渐边缘化，一方面依然保持了学术的活力，另一方面又因为边缘化，就看到了子平所说的“身处中心无法看到的问题”，对学术思想、方法进行了不同程度的调整与发展，而且更加自觉地追求学术的独立性。当然，并不是所有的学者都做到了这一点，以至于十多年后子平回到内地，发现许多当年的同时代人都变了，但我们这个小群体却没有变，自然弥足珍贵。我们至今也还是“相互搀扶”着，但我们也确实感到了孤独。现在，我们都老了，能够做的事情已经不多了，但我们还可以做一点历史经验的总结。今天的“四人谈”，重话当年同时代人，就有总结的意思。我想归结为两条，也是我今天发言的重点，即要保证个人与整个学术界健康的发展，有两个关键，一是思想的自由，一是学术的独立。我讲完了。

李浴洋：钱老师的发言语重心长，又掷地有声。特别是他的总结，既是经验之谈，同时也不啻警世之言。而让我特别感慨的，还有他对于“同时代人”之间那种互相欣赏、互相搀扶又互相尊重的关系的描述。黄老师和钱老师便是如此。我们能够注意到，他们的学术个性是如此不同，但他们的互相理解又是如此之深。当然，黄老师不只是与钱老师如此，他和赵园老师也是这样。前面说到，《远去的文学时代》是黄老师的一部编年体自选集，每年只选取了一到两篇文章收录，而其中与赵老师有关的文章就有两篇，一是他为赵老师的第一本书《艰难的选择》写作的小引，二是他为赵老师的著作《明清之际士大夫研究》写作的书评《危机时刻的思想与言说》。这些自然都是他们二位“知识友谊”的见证。下面我们就有请赵老师发言。

赵园：本来今天是个对话会，理想的状态是纵意而谈，营造出一个对话的轻松氛围，但是最近我被一些琐事困扰，焦头烂额，所以不太敢脱离原来准备的提纲随便讲，我怕耽误了大家的时间。我还是按照原来准备的内容来讲。

前不久作协系统为上海的两位文学评论家——吴亮和程德培——开了一个会，还邀请了黄子平参加。会后有两个上海的朋友到我那去，随意说了20世纪80年代的“南吴北黄”。我说那个时候没有这个说法，他们说现在有了，那就是南边吴亮，北边黄子平。当时并没有所谓“领军人物”这一说，但是“南吴北黄”是事实上的领军人物。我想他们同时代的当代文学批评家，会感受到来自这两个人的压力。他们两个人的风格其实差异比较大，吴亮很雄辩，辩才无碍；黄子平很机智，他的文章处处机锋。这个感觉跟钱理群刚才讲的相去不远，我们只不过表述不同而已。

后来吴亮转场，跟画家打交道，甚至还自己创作小说，而黄子平则在当代文学评论这个领域坚守。当然这个选择的得失是不易衡量的，可能各有得失。他们两个共同之处就是在修辞方面都非常讲究。在座的大家因为没有经历过20世纪五六十年代，不知道进入80年代之后，摆脱那一套五六十年代的修辞之难。我后来在我的老师辈的文章中，常常可以看到20世纪50到70年代的那种修辞方式，那种套路。而打破这种套路，是一种比较困难的努力。这一点大家可能很容易忽略掉。

黄子平的“三十年集”，题目是《远去的文学时代》；我的同事樊骏先生，他的纪念集——当然，不是他自己命名的——叫《告别一个学术时代》。据说这个题目在社科院文学所还有一点争议。我们都不能代表哪个文学时代，但是那个文学时代的的确确在远去，而我们确实是不断地在告别。现在像我和钱理群，大概还在告别我们的过往；陈平原比我们年轻，应该还不是这种状况。但是我确实觉得我自己生命史的一个时期结束了，我向它挥别。钱理群好像也是这种状态。某一种气象和境界已经远去，不可复制，也没有必要复制。我们如果认为有必要复制，那就过于自恋了。哪一个时代都有那个时代的文学和学术，过往就是过往。

洪子诚先生前不久在电话里提醒我，说2020年搞纪念“‘二十世纪中国文学’三人谈”三十五周年的活动，他认为不要过于怀旧。我也同意。但是80年代确有可怀之旧，这也不必讳言，那一代的人、文确实有值得怀念之处。这点钱理群刚才已经说了很多，我不再重复。这就包括当时的学科之间的壁垒，不太能够感到。比如现代文学、当代文学的学生们，我们在一起活动，我们甚至有时候和创作界接触，大家有一种“同志”之感，不觉得你是这个专业的，我是那个专业的。当然，我们跟子平的机缘，还有特殊的人事上的背景，那就是他的夫人张玫珊——玫珊女士今天也在场。因为玫珊既是我们的同学，也是子平的同学，这样就在我们之间建立了一种特殊的联系。虽然在70年代末，77级的本科生和78级的研究生都在同一个空间，比如我们都在北大，但事实上我们的活动没有多少交集。我们的友谊是在这种特殊的机缘下建立起来的，这点也需要说明。玫珊是一位非常优秀的女性。

确实是此情可待成追忆。好多东西都已经过去了。子平说自己“喜欢阅读”，而“害怕写作”，但他的著述事实上也很可观，只不过鸿篇巨制比较少而已。他擅长写一些很精悍的短文。写短文何尝容易？我有时候就要求我的研究生写短文。浓缩的、凝练的、一击就能中要害的文字是非常难写的，这也是年轻学人接受学术训练的一个必需的方向。在我看来，“害怕写作”是出于对写作这样一种活动的矜重，当然，还有对于修辞的苛求。那一代人中子平和我刚才提到的吴亮在这一方面都是很特别的。

有所谓的普通读者和专业读者的区别，我觉得子平的定位或许是介乎其间的；有随性的写作和职业化的写作，我觉得他也像是介乎其间的。这就体现在有时候他的文章中有闲笔。这样的写作姿态，现在也不是很合时宜。比如用这样精悍的短文立项申请经费，在现在的科研评估体制下，你敢这样选择吗？你敢冒一点险吗？没有经费，不立项，也不纳入某种评估，你怎么在单位立足？所以一个学术时代确已远去，这是没有办法的。

子平也有比较成体系的学术著作，比如《革命·历史·小说》，但是仍然不是现在大家习惯的那种——台湾称为“制式化”——的学术著作，仍然是有闲笔的，是与我们现在所说的论著有距离的。我感觉到现在年轻人的选择很困难，所以我这么说，并不是要求你们也这样做。因为我知道你们有你们自己的环境，你们有自己面对的难题。我们在这儿站着说话不腰疼。所以我不苛求，而且也不拿我们作为尺度。

黄子平虽然以《深刻的片面》引发过讨论——董秀玉先生会很了解他的这篇《深刻的片面》，因为是发表在《读书》杂志上的——但是他自己并不刻意地剑走偏锋，并不有意地立异。他只是敏锐、犀利，见他人所未见，道别人所不能道而已。所以他选择的有些点是唯有以他的敏感和犀利才能注意到的。至于你问为什么会选择这个点？比如也有人问我，说你为什么会选择研究“戾气”这个题目？我觉得一时很难回答。其实有些点是需要参考这个学人，他的整个的人生阅历，他背后的整个的个人历史，才能够解释的。这几乎难以寻觅，也不太可能复制。所以我没有系统地学术自述的计划，因为我觉得很难，我自己都说不清楚我为什么选择这个点，我想黄子平的问题可能也是这样。很难解释，但是唯有他能够敏锐地捉住那个点。

由黄子平的自述性质的文章可以知道他对理论的兴趣，但他做的又不是一种炫技的批评。我所谓“炫技”的批评，就是把自己的评论文章，当作某一种理论的展演。这种情况很多，我不是太欣赏。黄子平的文章是有温度的。不只有温度，而且有性情，有口吻，你甚至好像可以听到他带有广东味的普通话。他有他的口吻和腔调，现在有多少评论文章是这样的呢？很多都是制式化的，你看不出作者其人。

现在“制造”学术的技术正在戕害学术。这确实使我感到很忧虑。我视之为一种危机。但怎么办呢？我还想不出办法。那些东西没有主体的投入，没有主体的沉浸，甚至没有感动，也没有真正的愤怒，等等。这种职业化的文学批评如今也成为一种风尚，到处可见。这种生产的机制，造成了没有个性和生命的学术。学术作为一种精神产品，本应当和文学一样，让人可以感到它的生命。但现在的绝大多数文学批评却并非如此。

黄子平另外有一本书叫作《边缘阅读》，他对他所谓的“边缘”有一个界定。那本书的封面上就摘录了他有关的论述。可是在我看来，他的“边缘”也有空间的意义，比如是中心的边缘，也是文学江湖的边缘。他既以“外来者”自居，自居于香港文化界的边缘，又以身在香港而处在内地的文学场域的边缘……这几重意义上的边缘的位置，或许可以部分地解释他的选择，比如他看取对象的方式，等等。

最后，我说一说我和子平。刚才李浴洋已经说到了子平和我之间的这种文字之交。我的第一本学术作品《艰难的选择》是请子平写的小引。他比我小三四岁。那个时候也不能说是风气，但是学生为老师写序言，年轻者为年长者写序言，并不令人吃惊。我当时就请他写。他写的其中有些意思，比如主体对于对象层层叠叠的投射，对于解释我后来的士大夫研究也是适用的。后来又有他为我的《明清之际士大夫研究》写的书评。至于他对我的当代史研究的支持和鼓励，我真是感激莫名。

我想，朋友之间也不过如此了吧。我们都是老友。从去年到今年，我经历了一些事情，尤其是个人的一些困境。我在这种情况下，就特别感受到老友之“老”的甘醇。我很难表达我的感激，有的事情一说便俗，说得多了就更俗了，所以说到这儿，不继续说也罢。

有句话叫“江流石不转”。这个社会几十年变化太多太大，很多东西都难以停留在某个地方，但是总有一些石头是不会随着流水而转的。这个意思，子平和老钱都说到了，我也不再重复。我觉得这些不转的不变的东西，弥足珍贵。我活到这把年纪，回头来想想还是很幸运的。其中我感觉幸运的就是我有这么一些朋友，也可以用我自己的一篇随笔的题目——《铁哥们儿》来表述。这个“铁”就表现在你需要支持和帮助的时候，在你很困难的时候，你可以指望得到他们的支持和帮助；也表现在你可以对你的哪个朋友指手画脚，甚至像我对老钱可以当众批评，直言不讳，我不担心老钱会记恨，或者让我感到我们的关系受了影响。这些多么难啊。当有一天我要离开这个世界的时候，回头想想，我还是很幸运的。

李浴洋：好，感谢赵老师的发言。赵老师对于她和黄子平老师的交谊，还有对于过去四十年间学术潮流变迁的讲述，都很令人触动。赵老师说黄老师的文章是有温度，有性情，有口吻和有腔调的，她的又何尝不是如此？而且我们从赵老师的发言中可以感受到她与黄老师在才情方面的相契。赵老师的很多表述都很节制，但也充满力量。刚才她提到“告别”，说到樊骏先生去世以后，社科院文学所编辑的纪念文集题为《告别一个学术时代》。而这正是陈平原老师怀念樊骏先生的文章的题目。陈老师对于当代学术潮流有过许多洞见，他本人也是最近四十年间学术场域中的一位关键人物。下面，我们有请陈老师发言，我相信他今天也会带给我们别样的启发。

陈平原： 抱歉，因为我是从另一个会场赶过来的，不像老钱和赵园那样认真地准备了稿子。本来说好今天是围绕一个主题来谈，没想到他们都变成了对于黄子平的表扬。我认同他们的表扬，但更愿意借这个场合说点其他的话，回应“同时代人的文学与批评”这个主题。

在台上的四个人中，我是最年轻的，但今天也成了老教授。记得三十多年前，我之所以到北大，很大程度上是因为黄子平。在我来北大之前，他们中间，我只认识子平。那时我从中山大学研究生毕业，准备到北京来找工作。子平说，你应该见一见老钱。于是，就介绍我和老钱认识，老钱又把我引荐给王瑶先生，这才有了我后来的发展。我入学以后，赵园主动承担起指导责任，带着我绕着未名湖走了大半天，跟我说了很多很多，指点一个外省青年如何在京城尽快立足。这些经验之谈，对我很有用。后来，我在中山大学的老同学对我说，作为一个“外省青年”，你之所以能在北京发展得如此顺利，与王先生，还有王先生门下弟子们的包容与帮助密不可分。我自己想想，的确是这样的。在很多人为了进入学术界而拼命找人、托关系的时候，他们主动接纳了我，故我走得比较顺利。记得樊骏先生教育我，做学问是自己的事情，没必要跑来跑去。但我知道，很多人为了进入京城学界，找一个合适的位置，确实花了很多时间“跑来跑去”，我之所以不必要，那是因为有师兄师姐“罩”着。

刚才子平和老钱都说到我们的“三人谈”。那时我常到《读书》编辑部去，董秀玉问最近在做什么，我说准备开会。她问是什么会，我就说了准备联合发表关于“二十世纪中国文学”的文章的想法。董秀玉一听就说好，还建议换一种说法，在《读书》发。她问我需要几期，我掰着指头算，得要好几期。她说给你们六期够不够？这才有了我们的“三人谈”。正是因为有了北大这个圈子，以及《读书》这个圈子，我才能够在京城学界迅速站住脚。但我也反思，这或许只是20世纪80年代阳光的一面。我们的故事中，也还有《这一代》的出师未捷，那也是80年代呀。80年代的中国，的确以风和日丽为主，但也有阴云密布的时候。老钱已经说到这点了，请大家记得。

老钱和赵园今天谈的主要是“同时代人”之间的互相支持和体贴，我想变换一下角度，谈“同代人的异感”与“异代人的同感”。

我说“同代异感”与“异代同感”，是基于这么一个判断：80年代的学术舞台，不是一代人独领风骚，而是三代人同台竞演。因为二十世纪六七十年代的间隔与中断，到了80年代，我们和我们的老师，还有老师的老师，一起在学术舞台上表演，而且都很卖力。这是一种特殊状态，以前以后都不太可能出现。所以，当我们说“同时代人”的时候，不应该忽略我们和上一代与下一代的关系。这种关系包含支持与体贴，但也包含了竞争，甚至互相之间的嫉妒与排斥。“代”与“代”之间的关系很复杂，很多时候不是我们想怎么表演就怎么表演的，而是取决于大的时代氛围。

十几年前，我在接受查建英采访的时候，曾经提到学术史上“隔代遗传”的观点。这个访谈收入她的《八十年代：访谈录》，流传很广，有很多人引用，但也有好些人不以为然。所谓“隔代遗传”，说的是我们这一代人不但受到了“父辈”的老师们的影响，更接受了“祖辈”的，即老师的老师们的启迪。当初我提出这个观点，是基于以下观察：我们很多人在80年代精神突围时，跳过了同样在转型的20世纪五六十年代的老师，直接与20世纪三四十年代的大学校园、人物、风格、精神进行对话。也就是说，跟我们的老师的老师辈对话，从他们那里获得思想资源。“老大学”的传统在80年代重新进入人们的视野，甚至在一定程度上得以恢复，正是借助这一特殊语境达成的。

当然，除去80年代的特殊性，出现“隔代遗传”的现象，还有赖于人世间共通的“距离产生美感”。另外，我们必须承认，“同时代人”之间，以及同一代人与上一代人和下一代人之间，是存在竞争关系的。他们之间可以互相支持，但客观上也在相互竞争。比如在我看来，今天因奖励机制的激荡，学界出现了并不得体的过分竞争。这是没有办法的事情，刺激多且距离近，导致学院里人际关系紧张。相对来说，长辈与晚辈之间，往往更容易真诚对话，因没有利害关系。同辈人之间，有时反而心存芥蒂——好朋友除外。上周我在讲课时还说到，今天很多人写文章时，更愿意引用前辈学者还有外国学者的观点，而不太愿意引用同时代人的研究成果。这是现在的博士论文和研究著作十分普遍的现象，是一个“通病”。同时代人之间的相互支持和体贴，固然很令人感动，但我们也必须直面同时代人之间因过分竞争而造成的难堪。

这是我一直以来的观察，但也是前几天读了《北京青年报》上的文章（指《“子平爷爷”的文学课堂》，《北京青年报》2019年10月23日），有感而发。我真是没有想到，有“子平爷爷”这样的说法。我理解，这是现在的学生们表达对于子平的喜爱，但我反思，为什么会有“子平爷爷”，但没有人说“理群爷爷”或者“赵园奶奶”呢?

我的猜想是，这与子平和今天中国大学校园里的学生们有二十年的“中断”有关。他20世纪90年代初离开内地，退休以后再回来，不像我和老钱一直在这里。我和老钱一直在北大教书，学生们叫我们就是“陈老师”“钱老师”，因为我们一直都“在场”，所以实际的年纪反而被忽略。老钱比子平还要大十岁，但我从来没有听谁管他叫“钱爷爷”，大家就是叫“钱老师”。子平不一样，他和今天的学生们有距离，一回来就是以祖辈的身份出现的。距离会带来鸿沟，但也会产生美感，尤其是可以减少不必要的摩擦。

我说这些，也是因为今天学院内部的过分竞争导致的人际关系紧张，已经严重影响当代中国学术的生态。评一次职称，评一次奖项，再评一次“长江学者”，每次都会造成内部矛盾，伤害一批人。北大在这方面稍微好一点，比如评上“长江学者”，一旦拿到教育部给你的津贴，北大就会降低你的内部奖励；你还是拿得比较多，但同事间收入差距不会那么大。但绝大多数学校的做法是叠加，你拿了教育部的钱，学校还要再给你加薪，这怎么可能不产生矛盾呢？所以，评来评去，搞得人际关系紧张无比。表面上看奖励很有效果，大家的积极性被调动起来了，可实际上把生态搞坏了。

前面说的是“异代人的同感”，下面说说“同代人的异感”。刚才提到那“出师未捷身先死”的《这一代》，这刊名很能代表77级和78级大学生的历史感觉，大家普遍认为，我们“这一代”已经起来了。几十年过去了，必须说，我们这一代到了应该自我反省的时候了。就像子平说的，我们这一代人上大学后，自以为天之骄子，普遍缺乏自我批判的精神。走得顺，不是我们特别能干，很大程度上得益于“改革开放”，得益于大的时代背景。对比五四的一代，这种感觉尤其强烈。我们的成功，某种意义上是时代造就的，虽然我们自己也很努力，但五四一代更多的是靠自己，他们不但改变了自己的命运，也扭转了时代的车轮。这一点，我们自愧不如。

现在，我的大学同学基本上都退休了。原本想象，我们都是“同时代人”，应该有很多同感，立场也基本一致，事实上并非如此。同学群里，几乎天天都在吵架，动不动就有人宣布退群。不要说敏感的政治话题，就是谈转基因，都会导致某些同学退群。大概只有谈养生和中国足球，大家可以谈到一起去。我们不是“同时代人”吗？怎么那么容易退群？我这才反应过来，虽然接受同样的教育，都在“改革开放”的大背景下长大，可毕业后各自的职业、道路及发展不同，价值观以及看问题的视角其实天差地别。因此，老同学聚会，共同点仅限于追忆四十年前的大学时光，一旦涉及当下，大家的立场、趣味、风格都已经相差十万八千里了。

我讲“异代人的同感”和“同代人的异感”，是希望提醒大家，不能想当然地描述一代人的命运。我们不仅要理解自己这一代，还要努力理解上一代和下一代，特别是理解他们和自己以及自己这一代人不一样的地方。认清“代”的存在，努力跨越“代”的鸿沟，且对自己及自己这一“代”保持一种反省的态度，这是我的建议。

为了参加今天的活动，我看了子平前些年的一些文章。他有一个“批评总是同时代人的批评”的说法。我想做一点补充。子平说的是“文学批评”，文学批评的确更适于同时代人，隔代人的批评难免会“隔”，说不到点子上。但“史”的研究就不一样了。我想提出一个与“同代人的文的批评”相对应的命题，叫作“隔代人的史的研究”。如果做历史研究，离得太近，反而看不清，因为大家的精神结构太相似。大家如果看学术史，会发现同代人之间的学术评价不太可靠，除了人情因素，还有政治禁忌。因此，做批评的，最好是同代；做史学研究，则最好是隔代，或者至少要有隔代的感觉，否则评价很容易偏差。

昨天我在苏州大学参加纪念金庸先生的学术会议。我在发言时提到，90 年代以后，曾有好多接近金庸先生的机会，我都回避了。原因是，我的导师王瑶先生告诫过，做批评，做同代人的研究，不要和研究对象走得太近，否则很容易丧失自己的评价标准。

去年我发表了一篇文章，题为《遥望八十年代》。这是我最近几年多次演讲的主题，最后综合修订成文。有出版社编辑看到后来约稿，希望把我诸多谈 80 年代的文章结集，出一本书。我犹豫了一阵，最后还是决定先搁置。我感觉，或许需要冷静下来，才能更加理性地回看与反思自己走过的美好但又不无遗憾的 80 年代。我经历，我看见，我反省。如果做不到真正的反省，只说我经历的和我看见的，那就不免太自恋了。我们这一代对于可能存在或者事实上已经存在的自恋倾向，必须有所警惕。

最近我回广东老家，妈妈拿给我一批书信，那是我从 20 世纪 70 年代末外出上学，到 90 年代初爸爸去世期间写的家信。妈妈很有心，一封一封都保存下来。时隔这么多年，我一边看一边感慨——当时的真实感觉是怎么样的？经过时间的淘洗，今天我对于 80 年代的追忆，有多少是真实的，又有多少是日后添加的？还有，这些“诗意”是为何以及如何呈现的？所有这些，我都需要认真思考。

夏晓虹提醒我，不要太早进入回忆往事的状态。她说：“回忆催人老。”记得王瑶先生说过，当年解放军进城的时候，清华的许多“老教授”出来迎接。我后来查了一下，王先生所说的“老教授”，其实不过四五十岁。我们现在对于年龄的感觉，和前人已经很不一样了，六七十岁也不敢自称“老先生”。王瑶先生在“文革”结束以后曾经做过大的规划，希望做出一些新的学术成就，但很快就感叹力不从心。“力不从心”是他在写给王得后的信里再三说的。王先生晚年常感慨，都说“文革”耽搁了十年，可对于不同的人来说，这十年被耽搁在哪个人生阶段，是很不一样的。有人是在青年时被耽搁，有人是在暮年时被耽搁，但像他这样在壮年的时候被耽搁，无疑是最可惜的。晚年想做事，也有条件做的时候，已经力不从心了。我们这一代虽然也被耽搁，可后来有机会补上，这么说来，我们还是幸运的。

老钱今年八十岁，还在笔耕不辍，每年都有新书问世，接下来也有很多研究计划，还在不断推进。记得前些年三联书店为老钱的学术精选集开座谈会时，他的一位学生说过一句自我调侃的话：“前有钱老师的榜样，后有教育部的鞭策，真是‘生不如死’。”老钱的确是我们的榜样，他每天都在写作，都在提升和完善自己。对于比老钱小整整十岁的黄子平来说，我们也希望他在这本《文本及其不满》之后，不断有新作问世。刚才现场过多的回忆，把大家带入一种伤感的氛围之中。的确，一个时代结束了，但告别之后，我们仍然有很多工作可以做，需要做。我这三位师兄师姐发挥了表率作用。和他们相比，我还年轻，还要继续往前走，往下走。谢谢大家。

李浴洋：谢谢陈老师的发言。“异代人的同感”与“同代人的异感”的说法的确更进一步打开了我们今天的话题。陈老师说的同代人更适合做“文的批评”而异代人更适合做“史的研究”的观点，对于从事专业研究的学者而言，也是十分中肯的提醒。不过，陈老师的发言涉及的一个更大的问题还是我们究竟应当如何看待20世纪80年代。80年代的确是一个特殊的时代。一方面，它已然远去；另一方面，它也与当下保持着千丝万缕的联系。所以我们谈论80年代，很多时候也是一种关于当下的言说。陈老师刚才讲到“我经历，我看见，我反省”的时候，其实已经兼具了“同代”与“异代”的双重身份和眼光。现在钱老师、赵老师和陈老师都讲完了，不知黄老师是否需要回应一下？

黄子平：已经烤到半焦了。他们讲得都非常好。先说老钱。我最近几年回来见到老钱，感觉他越来越厉害了。一个人把全部的生命力和心血，都灌注到他的写作中去，他的创造力是我们几个比不了的。最近他终于觉悟了，不再把他写的书送我了，他说反正你读得没有我写得快。我读的速度根本赶不上他写！

再说赵园，其实她欠我的“文债”非常多，她的好几个书名都是我起的。当年我回来北大客座两年，碰上复旦大学出版社策划“三十年集”，我想到了两个题目，要不《昔我往矣》，要不《今我来思》。《诗经》里最好的两句，“杨柳依依”“雨雪霏霏”，跟我当时的心境切合。恰好和赵园、得后夫妇聊天，赵园说《昔我往矣》她要了。结果不但她要去一个，得后那时正准备出版一本杂文集，也在想题目，就把《今我来思》也要去了。等到我自己给出版社报题目的时候，一着急，只好用了一个大而无当的《远去的文学时代》。什么叫“文学时代”？凭什么说一个“时代”已经“远去”？好像没有什么理由。

最后说平原。平原的确比我们三个年轻，当年都是沾了他的光，我们被笼而统之叫作“青年学者”。害得老钱昨天还是“青年学者”，转眼变成“北大老教授”，“老钱”直接变成“钱老”，他的人生里没有一个很重要的中年阶段。当然我比平原越活越慈祥，有人叫“子平爷爷”，但肯定不会有人叫“平原爷爷”。他还要继续年轻下去。我先说这些。

李浴洋：今天活动的最后，我们还会再请黄老师总结回应。现在先请他休息一会儿。接下来我有三个问题，分别提给钱老师、赵老师和陈老师。

钱老师素以著述丰沛闻名。之前有一次和他聊天，我问他什么时候开始进入写作的高峰时段，他的回答令我一惊，说“我一出道，就是高峰”。不过的确也是如此，从出版第一本个人著作《心灵的探寻》以来，钱老师在过去三十多年间已经先后出版了九十部著作——这还不计他没有出版以及正在写作的。钱老师的著作量在两千万字上下，这在当代学界恐怕罕见其匹。更为难得的是，他没有因为量大，就影响了质精。一个简单的评价指标就是他的九十部著作几乎全部都再版过，有的代表作还出过多个版本。尽管和钱老师认识多年，但他写作的动力却一直让我好奇。前几年他的《岁月沧桑》出版以后，我们在北大召开过一次研讨会，钱老师在会上讲了一句话："拼命写，直到写出我知道的一切。"到今天为止，钱老师还在为了写作而"拼命"。所以我想问的是，您的动力究竟是什么？您的写作状态又是如何做到数十年如一日保持"高峰"的呢？

钱理群：这个问题不好回答。我刚从贵州回来，就从我的贵州经历说起好了。刚才来的路上，我和李浴洋谈到，要想真正了解我，就必须到贵州去。如果你不了解安顺时期的钱理群，那么大概是不太能够理解现在的钱理群的。事实上，我在进入学术界之前有一个相当长的准备阶段，这是我和他们几位不一样的地方。甚至可以说，我的学术研究是在贵州时期就开始的。我现在保存的最早的一篇读书笔记就写于 1962 年 1 月 1 日的早上。从那时起，我就在为自己的研究工作做准备了。

这里顺便讲一个故事。我大学毕业以后被分配到贵州，在安顺一家卫生学校教书。我第一次上讲台就看到讲桌上放着一个骷髅头的标本，把我吓了一跳。我当时就想回来，想继续读研究生，但领导对我说，你这种家庭出身的学生还想读研究生？你老老实实地就在这里接受"改造"吧！这是我第一次遇到人生选择的困惑，那时我才二十一岁。

后来我就想到“狡兔三窟”这个成语，觉得人生不妨同时有两个目标，一个是“现实目标”，一个是“理想目标”。“现实目标”是指只要现实条件具备了，就可以实现的目标，而“理想目标”则是指那些在现实中不具备条件，但你可以为之进行长期准备的目标。尽管当时在安顺，领导不信任我，甚至连班主任都不准我做，可是我毕竟还有三尺讲台，所以我就以把课讲好作为自己的“现实目标”。我心里想，自己要做就做这所学校最好的老师，后来我也的确做到了。我当年的学生中有不少都成了我一辈子的朋友。我这次回贵州主要便是和他们相聚。与此同时，我还有一个“理想目标”，那时我就在安顺遥想，总有一天我要站在北大的讲台上讲鲁迅。这在当初显然是无法实现的，我却可以为之做准备，不放弃我的鲁迅研究。这是我的一个梦，我觉得人在很多时候是需要有梦的。

想通了以后，一方面我就干脆搬到学生宿舍里面去，和我的学生同吃同住同劳动。一段时间过后，我成了那所学校最受学生欢迎的老师，甚至是安顺的青年朋友们最好的朋友。另一方面，我也在自己的房间里读起了鲁迅的著作，进行学术研究的准备工作。我在等待一个机会，为此等待了十八年。这是一个相当漫长的过程，直到 1978 年考上北大研究生，我才实现自己的梦。可以说我为了这一天准备了整整十八年。我在 20 世纪 60 年代的学术设想，到 20 世纪 80 年代才有条件实行。这个准备期对于我来说是至关重要的，也是我有别于一些同代学者的最主要的地方。

说老实话，我很早就知道自己是一个“学术人”，脑子里整天想的都是学术问题。除了学术，我对于其他事情一向不太关心。你提的问题，我其实也说不太清楚。因为从年轻时候开始，我就充满了各种各样的奇思妙想。经常早上一醒来，我就想到一个话题，起床便开始写作。一个课题还没有做完，马上又涌出关于第二个、第三个、第四个课题的想法，然后想去完成。大概因为我的精力一直比较充沛，所以就把自己的设想都写了出来。如果非要解释，那只能说也许我这个人就是为学术而存在的。这是我的特点，但问题其实也很大。那就是我完全不懂生活，不仅不懂，还不感兴趣。我自己有时也觉得这样太特别了，所以从来不认为我有什么普遍意义。因为学术是我的生命，所以我才能不断地写啊，写啊……

李浴洋：感谢钱老师的回答。虽然钱老师说他的经验没有普遍意义，但我想他刚才的回忆其实已经很好地回应了很多具有普遍性的问题。

下面的问题提给赵老师。赵老师在现代文学研究与明清之际研究两个领域的著作已经都是相关学科的典范。但她似乎不太说到自己也做过一段时间的当代文学批评和当代影视批评。钱老师和陈老师是几乎没有涉足这些方面的。那么我想请赵老师介绍一下自己的相关经历，并且希望知道您对于“当代批评”是怎样定义的呢？

赵园：我确实有点溢出我原来的专业范围，不仅是《明清之际士大夫研究》的写作，而且包括一些类似影评的东西。20 世纪 80 年代，“第五代”导演刚起来的时候，参加电影界的活动，成为我专业以外最主要的活动。我甚至还邀了好些朋友一块去“小西天”

（指中国电影资料馆）看片子，不过他们后来纷纷逃离，最后就剩下我和老伴。还有王富仁也坚持了一段时间。

钱理群：王富仁那时也写过一点评论。

赵园：是，他写过。我算了算，我可能写了十一篇，其实就是观后感而已，因为对电影语言是不熟悉的。后来我看到池莉的一句话，说“你一辈子只能做一件事”。我想对我而言是这样的。当然，并不是大家都是一辈子只能做一件事，你看鲁迅做了多少事，你看傅斯年做了多少事，陈平原也做了很多事。而我就收回来了，不再参加电影界的活动，也不再写观后感了。此外，我还写过一篇关于知青文学和知青电影的论文，现在我都不知道那个论文具体写了什么，发表在什么地方。

另外，《地之子》和《城与人》其实都是以当代文学作为主要的批评对象的，但就到知青文学为止，再往下我就觉得自己已经不太可能做，比如余华这一代，无论是他们的文学方式还是个人的经验背景，都是我不会处理的。后来我就转向明清之际的研究。

我感觉当代文学批评有一些是非常难处理的，就是它必须直接面对一些现实的问题。我很佩服子平的就有一点，他有一种处理微妙问题的能力。关于某个问题，当你不能说真话的时候，也绝不说假话，那怎么样用修辞的手段把你的意思表达出来？我不认为我自己有这种能力，我的话可能会触犯某些禁忌。当代文学事实上是绕不开这点的。我说的不只是政治上的禁忌，也包括你和你的评论对象的关系。比如一位作家是你的朋友，你要写关于他的评论，你都能如实地说吗？你都能把你对他的看法，对他的作品的看法如实地表述出来吗？很难。如果我做，我自己也会觉得磨不开面子。那么，你怎么表述，有时就是个修辞技巧的问题了。我认为子平的修辞技巧的库存比我丰富，所以他能绕来绕去地把他的意思说出来，但又不失真诚。

钱理群： 所以我们当时商量谁来写《论“二十世纪中国文学”》的时候，我和陈平原就认为必须由黄子平来写。要是我们俩写，估计都不行。那也是直接面对现实发言，那篇文章真是不容易写的。

赵园： 这种道理说一说容易，做起来是很难的。我们说修辞，就包括我们要面对一些微妙的问题。我后来之所以在《地之子》之后不再搞当代文学评论，在诸多原因以外，也是为了避开有些议题，我的确很难处理这些问题。我就先说到这儿吧。

李浴洋： 感谢赵老师的回答。赵老师谈的修辞技巧之于当代文学批评的重要意义，我想远非形式层面的问题。古人说“修辞立其诚”，修辞背后关怀的还有思想与言说的主体同当下和历史的复杂关系。

而说到关系问题，这正是我想请教陈老师的。陈老师有个著名的说法——“学者的人间情怀”。您提出这一主张是在20世纪90年代初期。现在又过去了二十多年，无论是中国社会，还是学术界的状况，都有一些新的变化。不知您在今天看来，人文学术需要，或者可能以怎样的姿态与历史进程发生关联？也就是说，从事专业研究与保有“人间情怀”之间应当如何平衡？

陈平原：最近，我在收拾杂乱的书房时，意外发现了自己的一批手稿，其中一篇是1993年写的《当代中国人文学者的命运及其选择》。《学者的人间情怀》是1991年写的，但发出来也是1993年。《当代中国人文学者的命运及其选择》在完成的当年就发表了，所以两篇文章可以放在一起来谈。这两篇都在1993年发表的文章，大致可以代表经历意气风发的20世纪80年代的一批学人进入20世纪90年代以后的思考。而在《当代中国人文学者的命运及其选择》的最后，我说了一段话，概括自己的基本立场：在政治与学术之间，注重学术；在官学与私学之间，张扬私学；在雅文化与俗文化之间，坚持雅文化。

我当时就说：“三句大白话中，隐含着一代读书人艰辛的选择。”当初做出这一选择，当然与特定时刻的历史情境有关，但其实也是自己深思熟虑的结果。可以说，这么多年走下来，时代不断转折，但我和我的一批朋友并没有变，还是坚持这样的立场与路径。

这些年，和年轻一代交流，我明显感觉到他们与我们不同。我们这一代人的优点，也许是比较认真，坚持自己的选择，不管时代怎么变，就这样一路走下去，不转弯，也不停顿。但缺点也很明显，那就是棱角太过分明，有时显得有点迂。就像刚才赵园说的，说话时不太懂得通过修辞的技巧来表达。

2014年，我决定停办主编了十五年的《现代中国》集刊时，年轻一辈朋友就和我交流过，他们认为不必停办，在新的条件下可以有新的办法。我发现与他们相比，自己习惯于把立场与态度表达得很清楚，不太懂得策略。必须承认，一代人有一代人的生存方式，一代人有一代人的学术道路。在大学教书久了，很容易将生活理想化，而且习惯于按照自己的标准去要求下一代，这样不好。反过来，也不想装嫩或随大流，虽然尊重年轻人的选择，但我还是走自己的路。老钱说的，“努力完善自己”。

李浴洋：感谢陈老师。跟随陈老师读书这些年，我能够感受到他变得越来越“慈祥”。不过与此同时，我也能够感受到他内在的坚持非但没有被削弱，反而可能比之前更强。

我们上半场的论坛就到这里。时间已经过去两个小时，几位老师也都已经很辛苦了。除去黄老师还要继续“值守”，我们请钱老师、赵老师和陈老师到台下就座，稍事休息。大家再次向他们表示感谢！

下半场：文本及其不满

李浴洋：现在我们有请另外三位嘉宾——吴晓东老师、杨联芬老师与贺桂梅老师上台。我们马上开始下半场的论坛。刚才我很不应该地忘记了介绍，我们今天之所以有这样一个机会一起“坐而论道”，除了“活字文化”的大力支持，还应当特别感谢洪子诚老师。洪老师是最早倡议举行这样一场论坛的人。不过遗憾的是，他因为日程缘故，此刻正在山东威海开会，无法到场。我前几天和他联系，他很幽默地给自己的缺席找了一个“学术理由”，说他和黄老师、钱老师、赵老师、陈老师不是“同时代人”，所以就不来了。洪老师尽管和钱老师同龄，但他在“文革”之前就毕业留校工作了，从学术世代上讲，他属于20世纪五六十年代登上舞台的学者。这点的确与上半场的各位老师不同。不过我们还是要向洪老师致意，感谢他的倡议。据说他还专门交代贺桂梅老师发言要“犀利一点”，我们拭目以待。

下半场的主题是“文本及其不满”。我们希望从黄老师的新书出发，围绕他的文学批评展开一些有深度的讨论。吴老师、杨老师和贺老师是比黄老师年轻一辈的学者，所以具备刚才陈平原老师说的做“史的研究”的距离。我们也期待他们接下来的发言可以带有更多审视的目光。首先请吴晓东老师发言。

吴晓东：谢谢浴洋的邀请，使我有幸与几位老师以及我的几个“同时代人”一起分享阅读子平老师新著的心得。上半场的四位都是对我的学术生涯影响最大的老师，而四位老师中最早对我构成深刻影响的，则是子平老师。

我最早听子平老师的讲座，是在1985年，钱理群老师主持一门“文学研究的新方法论”系列讲座课程，每个星期都请来一位大佬，比如请过王瑶先生和林庚先生，好像两位老先生都是最后一次在北大做讲座。我当时还是大一新生，所有的讲座都听得懵懵懂懂，王瑶先生的山西平遥话更是一句都没有听懂。不过印象最深的是听子平老师讲的那一次，记得子平老师用了结构主义的结构－功能理论解读诗人舒婷的一句诗：“想这样提醒你，然而我不敢。”这句诗舒婷在很短的一首诗中重复了几次：“想这样提醒你，然而我不敢。”子平老师详细分析的是其中的转折连词“然而”的用法，说对舒婷的诗歌来说，这个“然而”不仅仅是诗歌句法，也是舒婷特有的情感方式，所以是一种结构性因素。当时我正非常热爱舒婷，但为什么热爱一直说不清楚，听了子平老师的解读真是如醉如痴，而子平老师无动于衷毫无表情地朗读舒婷的诗，也彻底颠覆了我对舒婷的热爱，当场决定把我的粉丝情怀从舒婷那里转移到子平老师身上。

我当时想的是这个老师讲课这么厉害，为什么在出版社工作，应该调到中文系才对。子平老师仿佛听见了我的心声，果然不久后就来北大中文系工作了。那段时间正是“三人谈”的历史时期。三位老师也集体成为我们热爱现当代文学的本科生仰慕的对象。我们这一级的班主任是夏晓虹老师，有一次召集我们班上的一些现当代文学爱好者，说要与几位老师座谈，结果发现来的正是“燕园三剑客”。与三位老师座谈的内容已经记不住了，当时就似懂非懂。不过子平老师的那次讲座把结构主义带入我们的理论视野，使我们这批人与前一辈受存在主义影响的一代不同。我们号称“结构主义的一代”，开始对存在主义文本产生不满，更愿意从结构的角度理解文学和文本。

接下来大概是 1988 年前后，子平老师开设了“文学主题学”的课程，研究文学中的疾病、自杀、死亡等主题，我们虽然听得心惊肉跳，但还是特别着迷，阶梯大教室座无虚席。这在当时可以说是最时髦的课程。大家知道关于疾病主题的研究，学界是在 2003 年经过非典之后才热起来，而子平老师超前了十几年。我后来的现代文学研究中的主题学思路，就是最早受子平老师启蒙的，子平老师当时是我的绝对的偶像，没有之一。所以 1989 年之后，子平老师的去国最让我失魂落魄。不仅仅是我，我们一干追捧子平老师的北大文学“愤青”，一度都有丢了魂的感觉，因为我们都不知道从此以后该怎样理解文学和审美，尤其是我这种一心想做当代文学批评的本科生，担心的是自己不知道怎样继续做文学批评。我之所以后来死心塌地跟随钱理群老师读现代文学硕士生，主要因为黄子平老师把文学批评和当代视野都给带走了，先带到美国去了，后来又带到香港去了。

所以你就知道当时子平老师对于我那一代北大中文系学子的意义，可以说提供的是理解文学和批评的某种标杆。尤其是子平老师对文学性和文本的理解，永远既超前又复杂，既来自自己的人生经验，同时更化为独特的智慧，有一种历史穿透力和审美洞察力。比如子平老师对批评的位置的理解，他说“批评的位置即由如下两方面划定：一是现实经验的历史积累，二是个人身份的复杂构成。而这位置当然是游动的、越界的，或者用萨义德回忆录的书名来说，是‘无家可归’或‘格格不入’的。这就是知识分子真正的位置，不管你是不是具有离乡背井的现实经验”。所以子平老师赞赏意大利理论家阿甘本的说法，“同时代人，当代人，一方面他是如此密切地镶嵌在时代之中；另一方面他又是不合时宜、格格不入的人，他跟时代有一种非常复杂的关系，他既属于这个时代，但是又要不断地背叛这个时代、批判这个时代，这种人才能叫作同时代人”。同时他也认同阿甘本另一个关于当代人的说法：“当代人是紧紧地凝视自己时代的人，是感知时代的黑暗、感知时代的晦暗而不是光明的人。”“所有那些经历过当代性的人，深知所有的时代都是晦暗的，都是黑暗的、暗淡的，所以当代人是那些知道如何观察这种暗淡的人。”但是那种能够感知时代黑暗的人，绝对要像子平老师这样，必须有坚韧的心力和超人的智慧，而子平老师的智商我感觉恐怕可以达到三百，所以对时代的晦暗才真正有一种洞察力。

而这次系统读这本新著，还发现子平老师的批评的精髓，或者说精神深处的东西，可能是一种解构思维，消解一切约定俗成的理念与图式。尤其是他对文本的理解更合我意，也就是把社会、历史等对象不再看成我们有待努力去认识的现实、存在或实体，而是跟文学作品一样也是我们破译或诠释的众多“文本”。因此，子平老师说：“文本之外无物。”有子平老师在，文学批评就有了典律，有了准绳，否则你就会担心失准。所以 20 世纪 90 年代之后子平老师的著作《革命·历史·小说》以及《害怕写作》等冲破重重关卡回到内地，都是我们一干文学青年的“典律”。从这几本书你也可以看出子平老师是起名字的高手。比如《革命·历史·小说》三个词之间加上两个“黑点”，书名本身就变成了方法和范畴；《害怕写作》，书名本身就是一个悖论。而这本新书《文本及其不满》，我拿到后就很钦佩这个“不满”，得一“不满”，境界全出。这种“不满”可能是真正的批评家的立场和姿态的表现，与如今文坛批评家们的志得意满就形成了对照。记得好多年前就有同行在饭桌上说起子平老师（一般臧否人物最厉害的言论都出于饭桌），同行在饭桌上说：不可想象黄子平留在内地沦为“红包批评家”的样子。所以当时子平老师如果继续待在内地批评界该如何自处，也一直让我好奇。

估计他会改行成为全职的鲁迅和沈从文研究专家，这样的话，我们做现代文学研究的就只剩下陈平原老师能保住饭碗了。

我还想说说子平老师书中的一篇文章，题目是《早晨，北大！》，结尾表达的是一种“挫败”体验，说作为77级的大学生：“我们是同龄人中的幸运儿。无论之前有过多少磨难，似乎从接到录取通知的那天起，我们的名字就习惯了与成功之类的字眼连在一起。因此，我们常常是最缺乏自我反省的一群，常常忽略了挫败（尤其是历史性的失败）才是我们生命的组成部分，而且是那重要的部分。……多少年了，午夜梦回，如今时时袭来撞击久已沉寂的灵魂的，岂不正是生命中那一次又一次的失败和挫败，那些未能实现的历史可能性，那些被错过的、擦肩而去的历史瞬间？”可以说我很为子平老师表达的这种“挫败感”震撼。这种震撼就像当初读英国小说家格林的小说《问题的核心》，里面有一段主人公的内心独白：“我爱失败，我不爱成功，连上帝也是个失败啊。”世间多景仰所谓的成功人士，但有人竟然爱的是失败，这一直令我深深困扰。读到子平老师的这段话，我觉得终于能够理解这种困扰了。这种挫败并不意味着个体生命的失败，子平老师借此思考的是同代人的可能性或者不可能性，其中蕴含的是一种自我反思的能力，反思的是“那些擦肩而去的历史瞬间”，所以这些历史瞬间具有的是本雅明意义上的光晕，或者翻译成“灵氛”。套用子平老师77级同班同学黄蓓佳一部小说的名字，可以说子平老师的“这些瞬间如此辉煌”。

最后我想引用的是美国小说家福克纳谈法国作家加缪的一句话。福克纳说，像加缪这样的人“从来就不会很多，但总是至少有一个存在于某处，而这样的人有一个也就够了”。我想说的是，这个“总是至少有一个存在于某处的人”今天就存在于我的身边，所以我觉得特别幸运和安宁。

李浴洋：感谢吴老师如此生动的发言，有很多细节，也有很多隽语。在黄老师离开北大中文系以后，吴老师在某种程度上接过了从事形式研究的大旗。在过去这些年中，他对于文学性的坚持，对于诗学研究的推进，都有很多实实在在的贡献。黄老师从香港浸会大学荣休之后重回北大，对于这点或许也会有会心的体会。今天邀请吴老师来谈黄老师的文学批评，可谓恰如其分。而再度离开北大以后，黄老师又到中国人民大学文学院任教。下面就请来自人大的杨联芬老师发言。我们知道，您和黄老师最近几年有许多学术上的互动。

杨联芬：今天到这里来的嘉宾都是北大的，只有我一个是“外来者”。促使我到这里参加座谈的，是有机会向我尊敬的学者致敬。赵老师、钱老师、黄老师和陈老师，是我成长过程中影响过我并直接给过我教诲和扶助的前辈，他们的人品、学养、风范，保留了20世纪80年代的文化精神，在当下尤为珍贵。最近一二十年间，人心随世风而变，而他们四位没变。当然，除了四位老师，我还有一些老师和朋友也没有变。在这个充满变幻的时代，这种“不变”，便是某种品格的体现。我非常幸运拥有这样一些师友。今天到这里来，与其说是向黄老师和其他三位老师致敬，不如说是借这个机会，向80年代至今那些“不忘初心”的前辈学者们，以及向那个时代致敬。

今天要谈的是黄老师，但在四位老师中，我和黄老师相识最晚。尽管 1985 年读《论“二十世纪中国文学”》而知道了他和钱老师、陈老师，可在个人交往上，我受教于其他几位老师的时间，却要比黄老师早得多。我跟黄老师近距离接触，是 2012 年他应聘到中国人民大学做讲座教授以后。

之前，浴洋曾约我写关于黄老师的文章(《黄子平老师印象记》，《名作欣赏》2019 年第 11 期），一开始我觉得交浅言深、谬托知己很不好，但后来还是写了，原因是我和黄老师尽管交往时间不长，可颇有些心有灵犀的感觉。而且，我非常敬重黄老师，愿意把他给我的启发记录下来。

黄老师在人大任教期间，我们见面的机会并不多。大家知道，在大学，平时各忙各的，同事之间一学期见不到几回，往往开题、答辩时才见面，是常态。黄老师只给本科生上课，我与他“共事”的机会自然就更少。但这并不妨碍我们对黄老师的了解，他的教学，学生们有口皆碑，至今学生们还经常说想念“黄爷爷”。黄老师还应邀到过我的课堂，与我及研究生们面对面讨论和交流过。他的幽默与睿智令人印象深刻。

黄老师给本科生开过一学期当代文学史课，他要求学生每周读一篇经典小说（一般是中篇或短篇），写一篇短论，字数不超过三百。要在三百字中清楚表达观点，角度必须讲究，语言必须简练。学生们为达到这个要求，努力锤炼语言，一学期下来，进步确实显著，而黄老师也获得一个绰号“黄三百”。

我和黄老师学术上的交往，源自我的一篇文章。2015 年 2 月，农历除夕，我完成了耗时一年多的论文《“红色经典”为什么不能炼成——以王林〈腹地〉为个案的研究》。这篇论文缘起比较偶然，有年在《新文学史料》读到一篇奇文《王林的交代：关于梁斌、孙犁》，是在天津文联任领导职务的王林“文革”期间的“交代”材料，其中一篇揭发孙犁的封建意识和小资产阶级情调。我觉得有趣，便关注起这位名不见经传的王林，后来才知道，原来他是资历深、创作也颇为丰富的革命作家。他留下的文字很多，完全是研究革命文学的一座富矿，但在文学史上很少被提及，因而不为人知。我这篇论文，通过王林的长篇小说《腹地》（这是革命文学中第一部描写抗战的长篇小说）的难产与戏剧性命运，探讨“革命历史小说”与“红色经典”问题，其中一些思考，受洪子诚老师文学史论著和黄老师《“灰阑”中的叙述》（港版书名《革命·历史·小说》）启发颇多，故在这篇文章的写作过程中，洪、黄两位老师，也是我潜在交流与对话的对象。文章写好后，我分别发给两位老师和其他师友。这是我第一次直接跟黄老师交流学术，深知他理论强、眼光高，不免有些忐忑。但黄老师的回信，除了修改建议，便是热忱肯定，令我备受鼓舞。

后来，我在修改文章过程中，发现原稿错漏之处甚多，修改后，便再次发给洪、黄二师，专门说明此稿不敢再劳他们读，只因前稿粗疏，聊以致歉。哪知，两位老师又都把修改稿看了一遍。我记得黄老师曾说过，他最恨长文章，无论作为作者还是读者，六千字以上，就感到不可忍受。可我这篇文章，初稿两万多字，修改后达三万字，而黄老师竟认真读了两遍。真是罪过。

《“红色经典”为什么不能炼成》的修改稿蒙陈子善老师不弃，无改一字，径直作为头条“特稿”在《现代中文学刊》2015年第2期刊出。这篇文章，尽管众多师友私下颇多谬赞，我也自认为触及了当代文学史的一些重要问题，值得继续讨论，然而发表后不特没有赞扬之声，连反对的声音也没有，这不能不令人多少有些遗憾。

刚才说到黄老师的《革命·历史·小说》，2018年香港出版的增订本，比上海文艺出版社的初版本（《“灰阑”中的叙述》）容量增加了一倍，包含了黄老师最近十年的研究。这是一部堪称“学术经典”的厚重的著作，我一直期待增订本也可以在内地出版。做文学史研究的人，特别是文献史料做久了陷在里面的人，很容易感到心灵干涸，论述逐渐变得毫无诗意。而黄老师这本书，在史料与诗性、文学趣味与历史关怀的高度融合上，创造了一种文学史研究和文学批评的典范。学术论述有两种情形，一种是深入深出，令读者不知所云，兴味索然；另一种是深入浅出，平易风趣，却余味深长。黄老师的文字，大抵属于后者。钱锺书说过，文学作品有两种，一种是“可读”，一种是“耐读”，大抵“耐读”的方可称为经典。在我看来，学术论著亦有“可读”与“耐读”之分，而要达到“耐读”，除了文字生动感性以外，理论理解与表达的卓越能力，必不可少。黄老师论著的“耐读”，正体现了这两点。

黄老师的新书《文本及其不满》，以随笔、批评和演讲体裁为主，其文字的生动性也便得到较为集中的呈现。黄老师对于文字具有一种超乎常人的敏感与敏锐，他经常能从一个很小的概念或者文学作品的细节入手，分析出一种古今相通、中外皆然的阔大意境和深刻意蕴。我举一个例子。该书有一篇《更衣对照亦惘然》，谈的是张爱玲小说中的衣饰描写，当然是“小”题大作。其中谈到《鸿鸾禧》中“出名的好丈夫”娄嚣伯对太太说话的方式，譬如“头发不要剪成鸭屁股式好不好？图省事不如把头发剃了！不要穿雪青的袜子好不好？不要把袜子卷到膝盖底下好不好？旗袍衩里不要露出一截黑华丝葛裤子好不好？”等，在黄老师看来，“焦躁，可是用了商量的口吻——张爱玲用一个绝妙的词组来概括这种口吻：‘焦躁的商量。’”。接下来黄老师的发挥极为精彩，让我特别佩服，他写道：

> 能不能说，百年来中国人不绝于耳，听到的正是这全方位的“焦躁的商量”？“焦躁的商量 ”或许出自“第三世界”知识分子的暧昧阳性位置，出自他们书写与发言的知识特权，出自他们意识到了这种特权而无法自救的内疚与罪恶感。他们目光犹疑而脾气暴戾，心乱如麻仍侃侃而谈……

这是黄老师的一种联想，但也是一种顿悟，同时还是饱经沧桑的生活经验与思想历练。而所有这些都借助于对一个日常细节的分析生发开来。他的语言是高度凝练的，点到为止的，但读来却非常震撼，很受启发。

类似这样精彩的地方在《文本及其不满》中还有很多。第一篇《七十年代日常语言学》是一篇散文，黄老师写他在海南岛农场当工人时的体验。刚才黄老师和三位老师都讲到了他们成长的年代，那是一个语言贫瘠的年代。但就是在这样一种背景下，黄老师回看那段别有况味的历史，从“日常语言”中读出了太多苦涩却又妙趣横生的东西。“妙”的不仅是他发现了其中之“趣”，更有一种历史的沉重。这非常见功力。

我特别喜欢黄老师的《当代文学中的“劳动”与“尊严”》一文，这篇文章也被收入了《文本及其不满》。这是2012年他在人大的一场演讲，演讲稿整理后发表于《当代文坛》，这次黄老师又做了修订，是他与“同时代人”蔡翔教授的对话。蔡翔老师与黄老师都是“80年代新一辈”，皆因浙江文艺出版社那套著名的“新人文论”丛书而享誉学界。蔡老师出版的《革命/叙述：中国社会主义文学—文化想象（1949—1966）》一书，被不少同行视为近年当代文学史研究的力作。但在一片喝彩声中，黄老师却发出质疑。他直截了当指出蔡老师此书为当下两个“三十年”互不否定的意识形态产物，“是因应了当下对后三十年的现实批判,来回顾前三十年中国革命、大众革命和社会主义的经验，有一个非常切合当下需求的意图”。当然，黄老师一不贴标签，二不用尖锐措辞，他只摆事实、讲道理，心平气和，娓娓道来。他从蔡著所细读的当代文学作品入手，一篇一篇，条分缕析。当这些在蔡著中被用以编织“劳动神圣”的乌托邦的文本碎片，被黄老师置于一个多元的论述框架进行多维度的考察时——如作家和作品的现实遭际（秦兆阳、萧也牧、赵树理等的被批），“劳动”“工人”等概念在现实中的等级差异与尊卑区隔，马克思恩格斯关于劳动价值、工人阶级与社会主义的经典论述与“前三十年”社会主义话语实践的冲突，关于劳动与分配、集体化、大饥荒的文学作品与历史文献，几十年来“德性政治”与劳动者丧失尊严的事实，“劳动光荣”之外还有“劳动改造”“劳动教养”……在充分的历史材料和清晰的逻辑推理面前，“符号世界与现实世界的激烈矛盾”一目了然，蔡著以单一维度勉强织就的神话体系，难免一触即溃。黄老师针对的并不是“老朋友”蔡翔，而是当代文学研究中一个堪忧的无视历史、粉饰现实，与中共中央《关于建国以来党的若干历史问题的决议》精神相背离的倾向。这篇文章的语言依然是节制和幽默的，但在我所阅读过的黄老师所有文章中，该篇罕见的有一种气贯长虹的力道和深藏在诙谐中的历史悲鸣。娓娓道来的文字，读来却掷地有声，扣人心弦。这种崇高的力量，来自丝丝入扣的逻辑推演，也来自心灵深处的正义激情。我以为，这篇文章，无论理论方法、文献材料，还是语言，都堪称当代文学研究中难得一见的佳作和典范。可惜，在这个“厉害了”的时代，这种“缺德”文章，恐怕难逃“边缘”命运。黄老师有过八年农垦工人的生活经验，在海南岛橡胶林体验过“半夜鸡叫”般超负荷劳动的艰辛，以及看不到未来的绝望。但他在叙述那份经验时，个人际遇在笔下平淡如水，有点像王佐良说穆旦从热带丛林九死一生归来后对个人苦难的淡然态度。他的焦点集中在思索时代的荒谬是如何产生的。唯其淡然个性，罕见的黄钟大吕般的雄辩和抒情，才充分展露了一位正直知识分子的赤子之心。

在我看来，黄老师的学术和为人，都充满了一种孟子说的“浩然之气”。尽管他平时很少直接谈论时政，并不外露，也很平和，可是你从他对于社会的关怀态度里面，可以实实在在感受到他作为知识分子的良知和道义感。他在《批评的位置》一文中引用萨义德对于“批评”的定义，就很能说明他的价值认同：

“批评”，乃是知识分子的一项重大使命。“批评必须设想自身是张扬生命的，从本质上来说，它反对一切形式的暴政、宰制和虐待；批评的社会目标在于产生促进人类自由的非强制性的知识。”

最后我要说的是，我发现自己常常很像鲁迅《聪明人和傻子和奴才》中的那个“傻子”。不过，最近读到黄老师对于鲁迅这篇文章的分析，他对“傻子”似乎并不讨厌。今天我这一席话，或许仍然是不合时宜的傻话。但在这个世界上，也还有人并不怪罪“傻子”，那么“傻子”大概也该觉得有些庆幸。

李浴洋：感谢杨老师的发言。她从黄老师的课堂，说到两人在文字上的交往，再说到黄老师的学术著作的特点以及他的学术品格，不少观察都堪为独到，而且饱含真情。接下来我们请贺桂梅老师发言。贺老师不仅是黄老师的“同行”，是一位出色的当代文学研究专家，而且对于20世纪80年代以来的学术思潮也有系统关注，她的《“新启蒙”知识档案：80年代中国文化研究》就是这一方面的力作。而关于洪子诚、钱理群、陈平原、汪晖、王晓明和戴锦华等前辈学者，她也都做过专门研究。下面我们就期待贺老师的“黄子平论”。希望如洪老师所说的那样，“犀利一点”。

贺桂梅：今天以黄子平老师为中心，同时请到钱理群老师、赵园老师、陈平原老师、吴晓东老师和杨联芬老师，这是非常难得的事情。我的发言主要想从中国当代文学学科的角度来谈谈对黄老师和他这本《文本及其不满》的一些看法。

今天的讨论会场黄老师已经逃脱不了“子平爷爷”这个称号，但在我眼里，他更重要的一个身份应该是我们的“大师兄”。我一直在当代文学学科中学习和工作。当代文学是很年轻的一个学科，1977 年当代文学被设立为独立的学科方向，同年北大中文系正式成立当代文学教研室。而黄老师是 77 级的本科生，后来又跟谢冕老师读了当代文学专业的研究生。在北大中文系的氛围里，他一直是我们这个学科方向的“传说”与“传奇”。我是 1989 年考入北大的，1990 年进入北大校园。那时黄老师已经离开北大了。我在读书期间并没有见过黄老师，可是师兄师姐们会经常提起他的名字。可以说在我的求学生涯中，黄老师一直是“在场”的。他的文章和著作，当然还有他的名言和段子，诸如“创新的狗追得我们连撒尿的工夫都没有”等，对于当代文学专业的学生而言，常被提起。我真正见到黄老师本人，反而是很晚的事情。如果没有记错，大概是在 2004 年华东师范大学召开的一次关于中国现当代文学史料研究与学科发展的学术会议上。

在我看来，黄老师这本《文本及其不满》的出版非常有意义。这本书启示我们重新思考究竟什么是“批评”，以及怎样才是有效的“批评”实践。它把这样一个十分根本的问题再次带到了不仅是当代文学界，也包括当代思想界与当代文化界。这本书收录的主要是黄老师21世纪以来的文章，只有两篇是此前写作的。我想黄老师在编选这些篇目时是有他的考虑的，就像主持人李浴洋刚才说的，“批评”是其中一个核心概念。所以讨论这本书，我也想围绕如何理解“批评”这一点来展开。

如果要对黄老师的学术工作和基本风格做一个界定的话，我想说他是一位“有思想的批评家”。相对而言，钱理群老师是一位“有学问的思想家”，而赵园老师和陈平原老师是“有思想的学者”，他们的重点分别是“思想家”和“学者”，而黄老师身份的重心则是“批评家”。黄老师的学术经历、批评视野和研究经验在当代文学界是十分独特的。首先，黄老师的批评生涯几乎是与“新时期文学”同时开始的。在当代文学进入“新时期”的时候，黄老师也开始介入文学批评的实践活动中来，并且他的批评实践的影响从一开始就超越了当代文学界，而为整个文化界瞩目。过去四十年的当代文学进程，在黄老师的批评工作中有较为完整的历史印记。其次，黄老师还有特别的跨区域视野与经验，他自己概括为“地理‘中间物’”与“对位阅读法”。他既有20世纪80年代中国内地学界的前沿视野，也曾经到美国“洋插队”，还在中国香港这样一个貌似边缘但却汇聚了不同学术思想潮流的地方工作，并始终保持对于中国问题的关注。这种跨区域视野和经验，特别是对这种经验的自觉反思，使他与稳定在某一区域、学科和观念中的学者非常不一样。另外，黄老师还同时在多个研究领域开展学术实践。他既是当代文学的批评家，同时也研究现代文学与文学理论。在批评研究、文学史研究与理论研究三个方面，黄老师是真正“通”的。这种“汇通”

的结果，是他作为一位批评家非常具有主体性的批评实践。这种特点非常鲜明地体现在《文本及其不满》这本书中。

在具体展开对《文本及其不满》这本书的分析之前，我想先谈一下自己对于当代文学研究与批评历史的理解。如果回顾“批评”在近四十年来中国文学历程中的位置，简单来说，在80年代这个“新时期”，文学批评处在非常核心也非常引人注目的位置，甚至可以说80年代也是“文学批评的时代”。那时的文学史研究某种程度上说也是批评式的，是高度追求介入现实文化实践的，有颇为鲜明的当下问题意识，因此文学史研究是另一种介入当下的批评实践。而到了20世纪90年代以及21世纪的前十年，一个突出的变化是文学批评不再那么重要，甚至走向边缘。这个时期，文学史研究、理论研究和文化研究成为当代文学研究的主流。最近十年的文学研究格局又有了新的调整，据我个人的观察，批评也许会起更大的作用。但应该说，目前的文学批评总体是令人不满意的。现在的基本格局是当代文学研究分为两个部分，一部分研究者专门从事文学史研究，他们的工作主要限于学院知识生产；另外一部分人专门做文学批评，直接面对当下的文学创作实践发言。可是这种文学批评与黄老师式的批评有许多不同。当下的文学批评主要是为新出版的文学作品做出评价，或者有人直接说已经不再是文学“批评”，而是文学“表扬”，距离真正的“文学批评”差距还很大。目前的许多批评基本是附属于文学创作的，是跟在创作后面，特别是一些大作家后面的。我们的批评家把自己摆在了一个次要的位置上，所以他们的批评自然也不是那么重要，这与“批评”在这个时代中应当扮演的角色不大相称。我之所以特别强调黄老师的批评实践的意义，在于他提供了另外一种可能性，他的批评是有独立的思想含量的，可以和作家，还有其他学科领域的研究者进行平等对话，甚至有的时候还可以超越文学创作。在这种批评实践中，“文学批评”在整体的文学与思想格局中占有一个独立的位置。刚才赵园老师也提到，在 80 年代，研究当代文学、现代文学，甚至搞电影、搞艺术的人，大家都在一个“圈子”。一部新的作品出来，作家（甚至电影导演）是很愿意倾听批评家的意见的。那时的批评是有尊严，同时也有力量的。但今天的批评很多时候可能已经变得很轻，对推动整体的文化格局可能无关紧要。在这样的背景下，今天来讨论黄老师的新书，讨论他的批评品格，我认为是非常有现实意义的。

如果用一句话来概括黄老师的批评品格，我想应该是“作为一种写作实践的批评”。所谓“作为写作实践的批评”包含三层含义。一是刚才赵园老师说到的黄老师对于文字语言“修辞技巧”的独特运用，他的批评文章是具有高度文学性的，是某种写作意义上的实践活动。二是他的批评位置很特别，他不是一部作品或者一位作家的解说人，而是和作家站在同样的位置上，甚至在高于作家的位置上，直面社会现实问题做出他的评价与评判。黄老师的批评文章是非常讲究表达技巧的，同时又是很强悍的，主体性通常很鲜明。这种主体性体现为他把握知识、理论与修辞的能力非常强。读黄老师的文章，可以获得很多知识、理论乃至人生感悟上的启发，这源自他作为一个批评主体具有的能量。三是黄老师的批评方法。在过去四十年间，黄老师的批评方法虽然有很多变化，可是也有不变的地方，那便是集中体现在这本书的书名中的“文本及其不满”。黄老师是一个对于文字媒介充满自省，对于文字的表达能力充满深刻怀疑的批评家。他非常清醒地知道，当我们通过文字说出某些东西的时候，一定遮蔽了更多的东西；文字在呈现一些东西的时候，一定还掩盖了另外一些东西。因此可以说，他是一个对于批评的边界和限度有自觉意识的批评家，有时在我看来甚至是过度的自觉。我想黄老师能够意识到这点，或许与他自己也从事文学写作这一点有关——不仅是我说的他的文学批评是一种写作，他还是一位散文家和诗人。在《文本及其不满》的第一辑中收录了他的三篇散文。我读他的散文时感到他对文字表达特别敏感，而不是一般的在意，因此他对陈词滥调的抗拒是非常自觉的。同时在写作中可以感觉到他始终在“字斟句酌”。这些构成了他批评文章的一种“风格化”标志。黄老师说他受到鲁迅的影响很大。当你读他的散文时，他并不让你直线抵达他想表达的某种观点，而是不断地暗示读者，文字作为一种中介在遮蔽或掩盖一些东西，而他的表达正是在这样的遮蔽和掩盖中曲折地展开的。黄老师会时刻提醒你写作可能只是一种“写作效果”。其实不仅他的散文如此，他的文学批评文章也有这样的气质。这大概是他对于写作既有高度自觉，同时又高度自省所致。

讨论黄老师的批评实践，不能绕开的一个概念是“文本”。黄老师的理论修养常常是比同代学者要超前的，他大概在80年代就已经熟悉罗兰·巴特关于“文本”的论述。在当时新批评理论占据主流的一般理解中，“文本”被分为内部和外部。在这种理解中，“文本”只能像“镜子”一样“反映”现实，文本的“内部”世界与现实的“外部”世界是二分的。不用说80年代，即便此后很长一段时间，这样的文本观念都是占据主流的。但黄老师很早就打破了这一逻辑。在他看来，社会、历史、文化与文学实践一样，都是“文本”。如果“文本之外无物”，这其实对作家和批评家是一种很大的挑战，因为当他们谈论作家的一部作品时，实际上需要对整个社会意义实践做出自己的判断。

我注意到，黄老师无论是谈鲁迅、张爱玲，还是谈林斤澜、汪曾祺，他更为注意的都是那些他们没有写出的“碎片”，而不是已经写出的东西。黄老师关注“边缘”，关注“剩余物”，并以此重新阐释了我们对于作家、作品及其时代的整体性理解。以“边缘”挑战“中心”，以“剩余物”拆解体制化表述，这常常被视为一种解构主义方法的基本路径，但我认为这不等于说黄老师就是一个解构主义者。我认为黄老师的批评实践有许多超越了解构主义立场的地方。一个站在解构立场上的批评家，总是把自己放在“中心”的对立面上，他如何界定自己的位置是随着对象的改变而改变的，实际上这样的批评家与“中心”也就共存于一种封闭的权力结构当中，并且在不断强化这样一种结构。而黄老师通过他的批评实践要颠覆的其实不只是“中心”，也是那个将“中心”与“边缘”对立起来的结构。这就好像是奴隶和主人的关系，如果奴隶反抗主人只是为了反过头来自己做主人，那就没有任何意义了。而黄老师要打破的是那个让奴隶成为奴隶、主人成为主人的结构。这是我认为他超越解构主义者的地方。

总之，阅读《文本及其不满》让我学到了很多。这是黄老师的一本很有分量的著作。最后，我也想说一下黄老师反复提到的“同时代人”这个概念。黄老师强调的“同时代人”与生理年龄上的“同代人”不同。比如钱老师（“30后”）、赵老师（“40后”）、黄老师（“40后”）和陈老师（“50后”）就不是同一代人，但他们却是“同时代人”。可是反过来，有时同一代人的确也是“同时代人”。像我是所谓“70后”，但“70后”之所以能够成为“同时代人”，主要倒不是因为我们都出生在20世纪70年代，而是由于我们都在90年代那样一个特殊的历史阶段进入大学，并在学院中完成自己的全部学术训练，我们都是某种社会历史结构的产物，因此在一定程度上我们分享着同样的情感结构。但是我要说，我们意识到自己和别人是“同时代人”，是对这种历史经验的自觉，而不是作为历史经验的被动产物。因此黄老师的“同时代人”的提法让我很感动的一点，是他说可以因此感受到自己“不是一个人”，而是有一代（群）人和自己“在一起”。我原本并不喜欢代际的标签，可是我现在发现自己也非常愿意去关注同龄人、同代人在做些什么工作，并且有时欣喜地发现我们具有“同时代人”的感受和体验。这种不是一个人，而是有一代人“在一起”做事情的感觉其实是很重要的。这也是一种主体性实践的过程。

最后的最后，我也想用黄老师的方式来解读一下黄老师的“同时代人”概念。我认为这是黄老师的一个策略性的，也带有战斗性的口号。因为当你说有些人是你的“同时代人”的时候，自然也就意味着有些人不是你的“同时代人”。就像陈平原老师说的，“同代异感”有时是可能大于“异代同感”的。当我们强调“同时代人”的时候，可能也在排斥着一些什么。不过我相信黄老师会以非常智慧的方式来包容这些问题，在一个更高的层次展开“同时代人”的对话。比如他与蔡翔老师就文章展开对话时，就是以蔡老师作为他的“同时代人”为前提的，因此，这里的批评和探讨并不是简单的否定，而是真诚地亮出彼此的立场，将问题提升到一个双方可能在反思自我的同时又互相促进的高度。这是一种更深刻的“同时代人”的认同方式。

感谢黄老师的这本新书，为我们在今天重新思考何为“批评”以及“批评”如何才能有力量这样的问题提供了一个重要契机。我个人的确学到了很多。

李浴洋：谢谢贺老师。贺老师的发言中有三点非常值得重视：一是她把黄老师的文学批评定义为一种写作实践，这就为我们讨论黄老师的批评品格打开了新的界面；二是她谈到了什么才是有效与有力量的文学批评的话题，特别是在“新时期文学”四十年的历史进程中把握和分析文学批评的位置的做法，非常有启发意义；三是她对于“同时代人”的复杂意涵的解读，也把我们今天的讨论又向前推进了一步。

刚才贺老师提到她在 1990 年进入北大读书，而那一年黄老师前往美国，直到 2010 年才重回北大。黄老师最为知名的身份当然是一位文学批评家，但我想他的这一身份在很大程度上是因为他在 20 世纪 80 年代的成就。正如贺老师所言，80 年代本身就可谓是一个文学批评的时代。黄老师作为那时的“主角”，自然给大家留下了深刻印象。

黄老师在 80 年代的批评文章是可以编年阅读的。1983 年，他发表《“沉思的老树的精灵”——林斤澜近年小说初探》，一举成名。同年，他还发表了《当代文学中的宏观研究》，将“文革”结束以后流于作家论、作品论的当代文学研究带入了一个新的更为综合的学术阶段。1984 年，他发表《论中国当代短篇小说的艺术发展》，提出“文学形态学”研究的构想，为 80 年代的文学形式研究提供了可资借鉴的样板。1985 年，他与钱老师、陈老师合作发表《论“二十世纪中国文学”》更是划时代的事件，不需要我再多说。1986 年，他的首部著作《沉思的老树的精灵》出版。从 1987 年开始，他连续五年编选“中国小说年选”，他为每一卷撰写的导言，现在都已是回望 80 年代文学的重要坐标。我逐一举出黄老师在那一时期每一年的“业绩”，是想说明他与 80 年代文学批评的高度内在的关联。

黄老师的文学批评在 80 年代受到何等肯定，只举一例就可见。他的《“沉思的老树的精灵”——林斤澜近年小说初探》发表以后，王蒙曾说，这篇文章与其他所有的文章不一样，一个评论家对一个作家如此体贴、如此同情、如此诚恳，他对林斤澜说过，他都要落泪。

但必须多说一句的是，进入 20 世纪 90 年代以后，黄老师却基本从内地的文学批评界“隐退”了，变成了一种“缺席”的“在场”，也就是贺老师刚才说的“传奇”与“传说”。贺老师在 90 年代末期写过一本书，叫作《批评的增长与危机》，是一部研究 90 年代文学批评的专著。我翻看了全书，其中讲到黄老师的地方极少。在这一时期，他其实更多是以一位文学史家的身份为人所知，尤其是他的《革命·历史·小说》，伴随着“再解读”思潮的涌入，带给内地当代文学研究界很大的冲击。

最近十年，黄老师游走在大陆和台湾讲学，年轻一代熟悉的是他的“老师”身份。关于黄老师的文学课堂，我以为很有讨论的必要。今天限于时间，就先不多展开。

我谈过去四十年间黄老师的身份变迁，想说的是黄老师还有多重面向，我们在主要把他作为一位批评家来认识的时候，还请不要忘记他在其他领域跋涉的足迹。这些对于我们理解黄老师，以及通过黄老师透视过去四十年的文学思想潮流而言同等重要。当然，我说这么多也是希望黄老师可以有充足的时间准备接下来的“答辩”。下面就请黄老师总结回应。

黄子平：终于要“答辩”了。我上大学的时候文化程度偏低，年龄偏大，因为高中只读了一年，就遇到“文革”，“上山下乡”。等到上大学，我在班上年龄排老六，基础却是很差的。后来跟谢冕老师读研究生。新中国成立以来北京的文学单位跟北大中文系有一种密切关系，譬如谢老师就兼着北京市作协理论部的职务。有一次谢老师布置作业，正好北京市作协准备召开一次三位作家的研讨会——三位作家分别是汪曾祺、邓友梅、林斤澜，谢老师就让我们写评论他们的文章。汪曾祺和邓友梅被我的两个师弟师妹捷足先登，抢走了，只给我剩下了一个最难“啃”的林斤澜。在此之前我没有读过林斤澜。领到任务之后，我就跑到图书馆里把林斤澜所有在杂志上发表的作品都找来读了，然后写了一份提纲，去参加了研讨会。

发言过后，一位中年人过来跟我说，你刚才讲得不错，写成文章给我们吧。后来我才知道，他是《文学评论》的编辑杨世伟老师。于是回到学校，我就吭哧吭哧地写了一篇。这就是刚才浴洋提到的那篇《“沉思的老树的精灵”——林斤澜近年小说初探》。

杨老师在编辑过程中只给我提了两个建议，让我删掉两个成语：一个是“毫无疑问”，他说现在还有什么事情是毫无疑问的呢？还有一个是“众所周知”，他说都已经众所周知了你还写它干什么？这两个建议让我一生受用无穷。我从此明白了说话不能说满，不要说死，更不该说废话。所以如果现在检索我的文章，可以发现这两个成语绝对没有再出现过。

我讲这段往事是想说，我在写作生涯中受益于编辑之处甚多。刚才平原也谈到当时我们到《读书》编辑部去和董秀玉老董聊天，她当场拍板支持我们做“‘二十世纪中国文学’三人谈”，而且一口气给了六期的版面。这种出版家的气魄真是令人神往。在20世纪80年代，如果你的名字在《读书》上出现两次，那你就天下闻名了。可是对于当年还只是青年学者的我们，老董让我们一连出现了六次。直到若干年后，还有人来跟我寒暄，说“久仰久仰，看过你们在《读书》上发表的文章”。对于我们这些以文字为业的人来说，和编辑、杂志、出版社之间的这种非常温暖的关系，其实也是我们一直写下去的重要动力。包括《文本及其不满》，我也得益于编辑刘盟赟不少。

然后说到洪子诚老师参与策划的今天的发布会。很可惜他没有来。上个月我到北京时，我们一起在蓝旗营对面一家潮州餐馆吃饭，贺桂梅也在座。洪老师面授机宜，跟她说一定要给黄子平提出几个尖锐的问题。我从那天开始就战战兢兢，结果今天没有任何尖锐的问题，让我大失所望。当然，这是玩笑话。

我想概括地说明自己对于老朋友们的感谢。老钱一直以来都给我非常宏阔的视野。因为我更习惯做作家作品的评论，零打碎敲。我们讨论“二十世纪中国文学”时，我想到的更多是文本问题，但老钱一上来就引用列宁，告诉我 20 世纪是一个“亚洲的世纪”，要从这样的高度思考问题。那种震撼是不言而喻的。知识可以学，方法可以学，视野，你学不来的。

平原的古典文学修养是我们这批人当中最好的，他在晚清研究上有很深的功力，而且又把这种积累带入了现代文学研究，所以他达到的历史纵深是一般只做现当代文学的人不及的。我自己主要是做当代文学的，表面上距离晚清很远，可是平原给我的启发却是非常实在的。我自己也开始读晚清，特别是系统地读章太炎。我现在觉得谈当代的一些问题，也需要回到晚清那里去。

赵园对于我的帮助主要是文体上的。我每次看她的文章，都很惊讶于她对虚词的使用。比如，我们说“但是”，赵园说“然而”；我们说“如果”，赵园说“倘若”；我们说“通过”，她说“经由”……这给我很大的刺激，原来还可以如此娴熟地使用文言虚词来写文章。这不只是文体，而是深到了思维的层面，一下子摆脱了当代的陈词滥调。我费了多少功夫都仍然在陈词滥调里挣扎不出来，她教给了我很多文章应当怎么写的道理。

我很久以后才发现原来晓东听过我的课，被我“毒害”如此之深。80 年代我在北大讲文学主题学，受存在主义思潮的影响，讨论死亡啊，疯癫啊这些主题，第一节课就强调“自杀学”（可不是“学自杀”）。好在那时的学生们神经都比较坚强，现在的话我是绝对不敢开这样的课的。后来我越来越感到主题学其实是很重要的一种文学研究方法，那些在历史上反复出现的文学主题，它们的发生、变迁与消逝，值得我们认真追索。晓东在这方面的研究做得比我好。

联芬老师对我的照顾太大了。人大的生活条件不是太好，但是学术环境比北大好多了。杨老师特别照顾我，把我带到她的课上去讨论我的《革命·历史·小说》那本书，给我不少鼓励。后来我发现自己进入 21 世纪以后的绝大多数演讲题目都在人大讲过。这就和联芬老师等人给我的温暖有关。

贺桂梅老师进校的时候据说特别有画面感。她们那一届在石家庄参加了为期一年的军训，二年级才回到北大，穿着一身肥大的军装。这是我听别的朋友转述的印象。过了若干年，我读了贺老师对于 80 年代的“知识档案”的严厉批评。有一些她说得对，但有一些我也不服。她对于我们这些 80 年代过来的人当头棒喝，但必须承认，她的确提供了一种结构性的反思 80 年代的角度。直到现在我还记得被她震得嗡嗡嗡的感觉。

作为一个“答辩”的主角，我想用一个烂俗的比喻来结束发言，那就是“阅读自己写过的东西就像照镜子”。但因为这种说法实在太烂俗了，我们有必要引入福柯的空间理论。福柯有一套关于“乌托邦”与“异托邦”的理论。他自己生前并没有做太多发挥，但后来的人做了很多发挥。“照镜子”带来的是一个乌托邦的空间，也就是在照镜子的人和镜子之间建立了一种乌托邦的关系。比如，我在镜子里面看到的是一个完整的“黄子平”，但这其实是我建构出来的，因为我不可能看到一个真正完整的黄子平。我可以看到头发、眉毛、眼睛，但却不可能看到一个“黄子平”。而且今天看到的和昨天看到的还是同一个人，这是不可能的，因为已经过了一天，今天的我怎么可能还是昨天的我。时间上的连续性，形体上的完整性，这其实只是一种建构，一个乌托邦罢了。所以我们马上可以想到福柯的提醒——“照镜子”同时也是一种异托邦，镜子里面的形象是不可靠的、不稳定的、随时都可以崩解的，比如白头发又多了几根，昨天刮干净的胡子今天又长了出来，等等。换句话说，“照镜子”是一个在乌托邦和异托邦“之间”不断往复的过程。乌托邦是想象，带来安慰；异托邦是现实，带来困扰。所以阅读自己写过的东西，以及听各位朋友的表扬或者批评，就是在乌托邦与异托邦两个空间之间不断折腾。折腾的结果就是我仍然坐在这里，说这些话。谢谢大家。

李浴洋：感谢黄老师的总结回应，不仅全面，而且独抒机杼。特别是他结尾发挥的福柯的“照镜子”理论，也是对于今天活动的最好概括。当然，因为我们有多位嘉宾，现场事实上也成了一个“对照”的空间。我相信三个小时下来，这已经是一篇精彩的“对照记”。

因为我们中间没有安排休息，想必大家都已经很辛苦了。不过在论坛的最后，我还想特别请出一位嘉宾，她就是前面几位老师都提到的，原三联书店总编辑、现“活字文化”董事长、著名的出版家董秀玉先生。之前在和董老师沟通的过程中，她始终谦让，表示不想上场发言。但我想最后您还是说几句吧，这样我们今天的活动才更完整。

董秀玉：黄子平老师最后的谢词和寄语说得那么好，我觉得我可以说的就只有“谢谢”二字了。

今天的现场把我重新带回到20世纪80年代——那个意气风发、热情洋溢的时代。记得钱老师、子平老师和陈老师的“三人谈”在《读书》发表以后，我们收到了大量的读者来信，都问我们“三剑客”还有没有后续的对谈。这一组文章是《读书》的一个思想遗产，是可留存于文学史的一个重要记忆。

今天已经很晚，我就不多说了。最后我只讲一句：80年代的时候文学批评曾经那么活跃，也催生和推进了整个文学、文化的发展，可是现在呢？我记得黄子平这本《文本及其不满》确定在“活字文化”出版的时候，我就和编辑说，这是黄子平“回归”了！那么我想问：对于今天的文学批评，大家有想过可以做点什么吗？谢谢！

李浴洋：感谢董老师的发言，也感谢您这么多年来以出版的形式为中国文学、文化做出的卓越贡献。今天是一次难得的聚会，我相信这次论坛带给我们的思考、启示、感动与温暖将长留在大家的记忆中。活动到此结束，感谢大家！

（原载《现代中文学刊》2020年第1期）

后 记

“访谈录”的前身是“答记者问”，是与现代报刊同时共生的新兴文体，关注的是被访者及其言论的“新闻价值”。这种文体的阅读魅力在于记者发问的单刀直入，而且紧贴时事和现实，犀利，深刻，但也可能与时俱化，迅速被新的热点取代。“答记者问”进化（或退化）为“访谈录”之后，就变成一种平和稳重的“你问我答”了，不再紧贴时事和现实，反而倾向于发掘陈年旧事（“你是如何开始写作的呀”），建构一种“怀旧客体”，多多少少向着史料学的方向发展。采访者的身份也从报刊记者扩展到了学界同人、年轻学子，和学术活动的策划者了。

我自己一向害怕被采访，并非因为钱锺书“见了鸡蛋不必见母鸡”这样霸蛮的理由，而是生性内向，不善言辞，尤其害怕单刀直入的发问，也不愿意被动地回忆不堪回忆的往事。幸亏采访我的人不多，这是我一直深感幸运的事情。这回山东画报出版社的编辑朋友要来出一本我的“访谈录”，直觉的反应是我没做过几次访谈呀，怕很难凑够一本小书。

自己拣点了一番（大部分是由年轻的朋友从网上搜罗了寄我），发现有访谈的时段大约在2010至2020年间，集中在两本书——《灰阑中的叙述（增订本）》和《文本及其不满》，出版的前后，话题也大都围绕这两本书展开，有时会追溯到三十多年前跟钱理群、陈平原合作鼓捣“二十世纪中国文学”的陈年往事。因为话题的集中，访谈中多有重复的内容，犹如祥林嫂的絮叨，于我也是无可如何之事。

作为广义的对话录，我重读这些文字时最大的感激，是对话者打破了我倦怠已久的麻木状态，迫使我反思自己说过的话、写过的书，思索的神经重新活跃而敏感，有可能回复到与“同时代人”“无限交谈”的震荡之中。

黄子平

2023年6月17日于北角炮台山道